W0273984

Allgemeiner Inhalt siehe Seite 4

Werte Leserschaft,

vor kurzem erreichte uns eine Zuschrift, die mit dem Satz begann: „Wann widmet Ihr euch endlich wieder mal dem Thema Wein?" Als Autor geht einem da natürlich das Herz auf. Wir freuen uns, dass wir mit unseren Genussbüchern so ins Schwarze getroffen haben und so manchem Leser sogar die über zehn Jahre alten Titel noch im Bewusstsein sind. Diese eMail brachte das letzte Quentchen Motivation und so machten wir uns wieder auf die Tour durch Weinfranken. Diesmal allerdings noch mit einem weiteren Fokus. Denn neben den Weingütern sollten auch geeignete Freizeittipps für Tagesausflüge rund um die Reben auf dem Programm stehen. So waren wir also wieder viele Wochen und Monate rund um Main, Saale und Tauber unterwegs und haben viele liebenswerte Menschen kennen gelernt.

Der Wein und Bayern, das klingt für viele, die südlich der Donau leben, wie eine andere Welt. In Wahrheit gehört der Rebensaft aber genauso zum Freistaat wie der Gerstensaft. Auf 6.333 Hektar Fläche wächst der Wein in Bayern. Nur 4 Hektar davon macht der Baierwein aus, ein altes römisches Weingebiet entlang der Donau, das allerdings auch einen Besuch wert ist. Und wer nicht weiß, was ein Hektar ist, das sind zusammen mehr als 8.870 Fußballfelder, prall gefüllt mit Rebstöcken. Ein Aushängeschild für dieses große Kulturgut sehen Sie schon auf unserer Titelseite: Elisabeth Goger, die amtierende Weinprinzessin des Abt-Degen-Weintals, hat uns ein zauberhaftes Bild zur Verfügung gestellt - an dieser Stelle dafür vielen Dank!

Natürlich haben wir auch in unserem vorliegenden Buch wieder nach dem bekannten Konzept gearbeitet. Die Recherchen sind unabhängig, keines der Weingüter zahlt für seine Aufnahme oder gar die Veröffentlichung bestimmter Texte oder Bilder. Trotzdem - oder gerade deswegen möchten wir den Winzern für Ihre Hilfsbereitschaft und die Zeit für Interviews und Fotos danken, genauso wie den Menschen hinter dem vorliegenden Buch: Gerhard Zuber und Ulrich Büscher vom VGN und natürlich unserem GuideMedia-Team (in alphabetischer Reihenfolge): Jofrey Kollmann, Sabrina Krauß, Sarah Krähmer, Frank Märzke, Nicole Schramm, Benjamin Strüh und Svenja Zeitler.

Sollten Sie zusätzliche Tipps oder Anregungen haben, zögern Sie nicht, mit uns Kontakt aufzunehmen.

Viel Spaß beim Genießen!

GUIDEMEDIA

M. Rampach

Unsere Frankenwein-Ausflüge

Wir haben in diesem Buch 100 Weingüter zusammengefasst, die uns auf unseren Reisen als <u>besonders erlebnisreich</u> aufgefallen sind und die zugleich schön in einen Tagesausflug einzubinden waren.

Jeder der 100 Frankenwein-Ausflüge zeigt auf einer eigenen Buch-Doppelseite die wichtigsten Informationen zum Weingut ❶ (linke Seite) und zugleich zwei Freizeit-Tipps ❷ in der näheren Umgebung (rechte Seite), die sich für einen gemeinsamen Besuch anbieten.

Je nach Tagesform frei planbar!

Die jeweilige Entfernung der Freizeit-Ziele zum Weingut ist mit angegeben (neben dem Ortsnamen), so dass Sie nach Lust und Laune selbst entscheiden können, ob Sie die Strecke lieber zu Fuß, mit dem Fahrrad oder motorisiert zurücklegen wollen. Zuletzt finden Sie noch eine Franken-Karte für die grobe Orientierung und einen Weintipp des Winzers aus dem Weingut ❸, der Ihnen sicherlich hilft, im vielfältigen Angebot einen Einstieg zu finden.

Für Sie sind Bio-Weine ein wichtiges Kriterium? Weingüter mit biologischen Produkten haben wir mit diesem Symbol gekennzeichnet.

Bei Ausflügen mit diesem Zeichen sollten Sie **ein bisschen mehr Zeit einplanen,** denn hier gibt es besonders viel zu erleben.

Und wer wirklich etwas an der frischen Luft erleben will, sollte nach diesem Symbol Ausschau halten. Diese Weingüter bieten **Weinbergsführungen an** - die Königsdisziplin im Weinerlebnis-Bereich.

(Erklärung aller Symbole im vorderen Umschlag)

Handwerkszeug

Magazin

Impressum

Copyright © 2018
Verlag Nürnberger Presse
Druckhaus Nürnberg
GmbH & Co. KG
Marienstraße 9 – 11
90402 Nürnberg
Alle Rechte vorbehalten

Produktion & Gestaltung:
GuideMedia GbR, Bamberg

Druck: Verlag Nürnberger Presse
Druckhaus Nürnberg GmbH & Co. KG

ISBN-13: 978-3-931683436

Theatergassen 4
96047 Bamberg
Tel.: 0951 5194166
www.guidemedia.de

 Alle Weingüter/Ausflüge siehe Seite 1!

Quellenhinweis - Danke!

Wir Autoren bedanken uns bei allen teilnehmenden Gastronomen, Unternehmen, Tourismusverbänden, Städten und Gemeinden für die Bereitstellung ihrer Daten und Fotos. Detaillierte Hinweise zu Quellen finden sich, soweit vereinbart, bei den jeweiligen Inhalten. Titelfoto Weinprinzessin: Peter Eichler.

Haftungsausschluss

Der Inhalt des vorliegenden Buches ist nach bestem Wissen, Gewissen und mit Sorgfalt zusammengetragen worden. Für die Korrektheit, Vollständigkeit oder Qualität der bereitgestellten Informationen kann keinerlei Gewähr übernommen werden. Haftungsansprüche, welche sich auf Schäden materieller oder immaterieller Art beziehen, die durch die Nutzung oder Nichtnutzung der dargebotenen Informationen beziehungsweise durch die Nutzung fehlerhafter und unvollständiger Informationen verursacht wurden, sind grundsätzlich ausgeschlossen.

Bald hebt sich auch das Herbsten an, die Kelter harrt des Weines...

Die fränkische Seele hat es nicht leicht. Schließlich erstreckte sich einmal ein Frankenreich über ganz Mitteleuropa mit Städten wie Paris und Rom. Am Ende der Entwicklung stand die Auflösung des Fränkischen Reichskreises unter Napoleon und die Einverleibung durch das Bayerische Königreich.

Mit den Bayern hatten die Franken bis dahin fast gar nichts gemeinsam, und so bezeichnen sich selbst heute noch die meisten Einwohner von Würzburg, Bamberg und Nürnberg in erster Linie als Franken. Neben den drei Bezirken Ober-, Mittel- und Unterfranken existiert in Baden-Württemberg noch die Region Heilbronn-Franken, die bis 2003 nur Franken hieß.

Innerhalb dieses rund 28.000 qkm großen Gebietes leben heute rund 5 Millionen Einwohner, die sich kulinarisch vor allem durch ihren Durst unterscheiden. Etwas westlich von Bamberg durchläuft eine Trennlinie das rot-weiße Territorium, in deren Osten hautpsächlich Bier getrunken wird. Im Westen hingegen liebt man den Frankenwein. Der Ursprung dieser klaren Trennung liegt in den Vorlieben der Fürstbischöfe von Würzburg und Bamberg, von denen die einen eben auf den Reben- und die anderen auf den Gerstensaft setzten. Das Ergebnis ist, dass sich die Franken sehr mit ihren jeweiligen Lieblingsgetränken identifizieren und gerade in dieser Hin-

sicht auf die Bayern herunterschauen, die hier auch nicht wirklich viel entgegenzusetzen haben.

Mit dem vorliegenden Buch möchten wir Ihnen die Herrlichkeit des Frankenweines und seiner reichen Kultur nahebringen: von den großen Weingütern in Würzburg (immerhin Nummer zwei und drei in Deutschland) bis zu den kleinen Besenwirtschaften in Tauberfranken, wo man den Eindruck hat, dass jede Flasche die letzte sein könnte, die vom jeweiligen Hauswein (noch) zu haben ist. Überall werden Sie auf äußerst liebenswerte, offene und originelle Menschen treffen, die eine Menge über ihr Leben im Weinberg zu erzählen haben. Manche leben und arbeiten noch sehr traditionell, andere haben sich den vermeintlichen Zeitläuften angepasst, Trauben wie Merlot oder Chardonnay angebaut und ein Barrique im Keller stehen.

Wir wünschen Ihnen nun viel Freude und enden mit der Fortsetzung der Überschrift aus dem Lied der Franken: „Der Winzer Schutzherr Kilian beschert uns etwas Feines!"

AROMEN
Rot- und Weißweine können sehr unterschiedlich riechen. Hier eine kleine Auswahl an Aromen, die man auch in Frankenweinen findet: Apfel, Banane, Brennessel, Farn, Himbeere, Honig, Schiefer, Stachelbeere.

BARRIQUE
Klassisch bedeutet dieser Begriff den Ausbau in einem 225 Liter fassenden Eichenfass. Je neuer ein Fass, desto mehr runden Komponenten aus dem Holz das Aromaspektrum des Weines ab. Die Fässer werden bei der Herstellung unterschiedlich geröstet, wodurch die Aromen deutlich variieren. Im Gegensatz zum Ausbau im Barrique findet sich auch die Bezeichnung barriqué, was bedeutet, dass das Aromaprofil eines bereits ausgebauten Weines durch Lagerung in einem kleinen Eichenfass verändert wurde. Mittlerweile gibt es auch die Methode, Wein bei der Lagerung Eichenholzchips beizugeben, um einen ähnlichen Geschmackseffekt zu erzielen. Solche Weine dürfen aber nicht als Barriqueweine vermarktet werden (in Deutschland sind generell alle Prädikatsweine von dieser Behandlung ausgeschlossen).

BOCKSBEUTEL
Speziell für Franken typische Weinflasche, wahrscheinlich der Form eines Ziegenhodensackes nachempfunden. Füllmenge 0,75 Liter.

CUVÉE
In Deutschland Verschnitt mehrerer Rebsorten, die zusammen gekeltert werden, oder mehrerer fertiger Weine, also Wein aus verschiedenen Rebsorten oder Weinbergslagen.

ETIKETT
Auf dem Flaschenetikett finden Sie die Region (z.B. Franken), dazu in der Regel die Weinlage (z.B. Kammerforster Teufel), den Jahrgang der Traubenlese und die Rebsorte (z.B. Bacchus). Dazu kommen Qualitätsstufe, Abfüller, Volumen und Alkoholgehalt.

HECKENWIRTSCHAFT
(auch Besenwirtschaft oder Häckerwirtschaft). Hier schenkt ein Winzer selbsterzeugten Wein in seinen eigenen Räumen aus. Ein solcher Ausschank ist kein Gewerbe und daher erlaubnis- und abgabenfrei, wenn folgende Bedingungen erfüllt sind: maximal 40 Sitzplätze, nur einfache Speisen, außer Wein nur selbstgebrannte Spirituosen und zwingend Nichtalkoholisches im Ausschank, maximal vier Monate im Jahr geöffnet.

LAGERZEIT
Weine durchlaufen in der Regel eine Entwicklung. Einfache Weißweine sollten am besten jung getrunken werden, hochwertigere entwickeln im Alter von zwei bis drei Jahren fruchtige Aromen und Säuren, flachen dann wieder ab und blühen dann nochmal im Alter von ca. fünf Jahren für etwa fünf Jahre auf. Bei Rotweinen verschiebt sich die erste Phase um ca. ein bis zwei Jahre, gefolgt von einem Abtauchen, bis sie dann im Alter von neun bis zehn Jahren für etwa zehn Jahre auf ihrem Höhepunkt sind. Diese Angaben sind natürlich sehr grob und können bei Spitzenweinen variieren.

MEDAILLEN/PRÄMIERUNGEN
Nachdem die Teilnahme an Weinwettbewerben in der Regel mit einer Teilnahmegebühr verbunden ist, kann man nur relativ gesehen sagen, dass ein Wein mit einer Goldmedaille „besser“ ist als einer mit einer Bronze- oder Silbermedaille desselben Wettbewerbs. Eine weitergehende Aussage kann meist nicht getroffen werden.

OECHSLE GRAD (°OE)

Die nach ihrem Erfinder, dem Pforzheimer Mechaniker Ferdinand Oechsle, benannte Maßeinheit für das Mostgewicht des Traubenmostes. Gemessen wird die Dichte des unvergorenen Fruchtsaftes (Most), was auf die Zuckerkonzentration schließen lässt. Ein deutscher Durchschnittsjahrgang kommt auf ca. 75°Oe. Von den °Oe kann man auf den zu erwartenden Alkoholgehalt schließen. Bei 80°Oe ergibt sich beispielsweise 10,6% Vol.

QUALITÄTSSTUFE

In Deutschland wird zwischen Tafelweinen und Qualitätsweinen unterschieden. Erste machen nur 0,5% der Gesamtmenge aus, etwas mehr als 40% sind Qualitätsweine bestimmter Anbaugebiete (QbA), die zur Alkoholerhöhung angereichert werden dürfen. Der Rest entfällt auf die höchste Klasse, den Qualitätswein mit Prädikat (oder auch Prädikatswein, staatlich geprüft mit Nummer auf dem Etikett). Innerhalb der Prädikatsweine werden dann noch Kabinett (mind. 73°Oe - Grad Oechsle), Spätlese (mind. 85°Oe), Auslese (mind. 95°Oe), Beerenauslese (mind. 125°Oe), Trockenbeerenauslese (mind. 150°Oe) und Eiswein (von der Lese bis zur Kelterung bei mindestens -7°C gefroren) unterschieden.

REBSORTE

Generell wird Wein aus der Edlen Weinrebe (Vitis vinifera) gewonnen, die allerdings in unterschiedlichen Sorten vorliegt, die als Rebsorten bezeichnet werden. Je nach Klima und Bodenbeschaffenheit gedeihen bestimmte Rebsorten besser als andere, außerdem gibt es Resistenzen gegen Krankheiten und Schädlinge. In den ca. 5.000 Jahren Weinkultur haben die Winzer durch Züchtung an die 10.000 verschiedene Rebsorten gewonnen, von denen etwa 2.500 heute auf der Welt für die Weinherstellung zugelassen sind. In Franken entfallen ca. 80% der Anbaufläche auf Weißwein und 20% auf Rotwein. Es dominieren immer noch die Rebsorten Müller-Thurgau (30%), Silvaner (20%) und Bacchus (10%). Allerdings befinden sich die Anbauflächen einerseits durch die Auswirkungen des Klimawandels und andererseits durch ein Umdenken in der neuen Winzergeneration momentan relativ stark im Wandel.

SÄURE/SÜSSE

In der Regel unterteilt man die Weine in trocken (herb), halbtrocken (dezente Süße) und lieblich (mild mit viel Restsüße). Die Restsüße meint den Gehalt an unvergorenem Frucht- und Traubenzucker im fertigen Wein. Liebliche Weine können auch durch nachträgliche Zugabe von Süßreserve (Most/Traubensaft) erzeugt werden.

TEMPERATUR

Generell gilt, dass die Weintemperatur in der Flasche eher zu kühl als zu warm gewählt werden sollte, weil der Wein im Glas sich sowieso schnell erwärmt. Als Faustregel gelten für Weißweine ca. 7°C, für Rose und gehaltvolle Weißweine ca. 10°C, für leichte Rotweine 13°C und für kräftige Rotweine 16°C.

WEINSCHORLE

Dieser erfrischende Durstlöscher besteht in der Regel zur Hälfte aus Wein und zur anderen Hälfte aus Wasser (saure Schorle) bzw. Limonade (süße Schorle). Achtung: Weine mit hohem Säuregehalt, wie es gerade die klassischen Frankenweine oft sind schmecken mit stark sprudelndem Wasser noch saurer, wählen Sie lieber stilles Wasser.

GROSSHEUBACHER BISCHOFSBERG

Weingut Karl Fuchs

www.frankenwein-erleben.de Plätze (innen/außen): 0/0

SOLARSTROMWEIN

Viele Weinprämierungen und andere Auszeichnungen zeigen seit Jahren die Qualität der Weine von Karl Fuchs, die er im naturnahen Anbau, aber unter Verwendung neuester Technologien erzeugt. Das Weingut wuchs seit seiner Abnabelung von der Genossenschaft 1984 von ein paar kleinen Parzellen auf heute fünfeinhalb Hektar. Hier gedeihen besonders ausdrucksvolle Steigerwaldweine. Weitere Spezialitäten finden sich in der hauseigenen Brennerei und am Ende der Weinkarte, wenn auf Secco und roten Frankensekt verwiesen wird.

WEINE

Silvaner, Müller-Thurgau, Bacchus, Weißburgunder, Gewürztraminer, Regent, Spätburgunder, Domina.

ANSCHRIFT

Falkenbergstraße 5
97513 Altmannsdorf
Tel.: 09528 631

ÖFFNUNGSZEITEN

Weinverkauf: Mo. bis Fr. ganztägig bis 18 Uhr, Sa. und So. nach tel. Vereinbarung.

Michelau im Steigerwald | 70 m

Gaststätte Zum Falkenberg

Falkenbergstraße 3
97513 Michelau im Steigerwald
Tel.: 09528 361

Öffnungszeiten: Fr., Sa., So.- und Feiertag ab 12 Uhr

Tipp: Die Hausmacher Brotzeiten und der Mittagstisch am Sonntag locken regelmäßig viele Gäste aus nah und fern.

Von Michelau bis Eschenau | 2,2 km

Steigerwald Panoramaweg Etappe 7

Einstieg am Zabelstein möglich

Web: www.steigerwald-panoramaweg.de

Tipp: Die verschiedenen Etappen dieses sehr eindrucksvollen Wanderwegs führen in die schönsten Ecken des Steigerwalds.

TIPP VOM WINZER

„SILVANER, BACCHUS, UND DER WEISS-BURGUNDER."

Weingut am Sonnenwinkel, Markus Kram

www.frankenwein-erleben.de **Plätze (innen/außen): 40/0**

WEINE

Müller-Thurgau, Bacchus, Silvaner, Kerner, Weißer Burgunder, Grauer Burgunder, Domina, Dornfelder, Regent.

KÜCHE

Kleine Karte warm und kalt; Spezialitäten: Sonnenwinkelplatte mit verschiedenen Wurst- und Käsesorten.

WEINFEST

Hofweinfest (1. WE im Sep.).

ANSCHRIFT

Am Sonnenwinkel 6
97513 Altmannsdorf
Tel.: 09528 426

ÖFFNUNGSZEITEN

Weinverkauf: Nach tel. Anmeldung. Weinstube: Mitte Jan. bis Ende Feb. und Mitte Sep. bis Ende Okt.: Sa. ab 16 Uhr, So. ab 14 Uhr; Mitte Apr. bis Ende Mai: Sa. und So. ab 16 Uhr.

DER LENZ IST DA

Hier im Steigerwald an den Hängen des Zabelsteins gedeihen nicht nur die Weinreben prächtig, hier kann man auch prima Spargel anbauen. Damit kennen wir nun bereits das Programm, das uns bei Markus Kram erwartet. Denn er steht entweder im Weinberg und kümmert sich um seine Reben, oder er häufelt die Erde rund um die Spargelspitzen beziehungsweise die Pflänzchen, die noch Spargel werden wollen. Dabei erhält er tatkräftige Unterstützung von seiner Mutter Anette und seiner Ehefrau Anja. Für den Weinfreund heißt das, am besten zur Spargelzeit nach Michelau zu kommen, um die tollen Kombinationen aus den sechs Weiß- und drei Rotweinsorten mit den edlen Stängchen zu genießen. Ein Geheimptipp ist das erste Septemberwochenende. Da steigt seit 35 Jahren das Hofweinfest mit einem genussvollen Verwöhnprogramm.

Am Zabelstein | 2,2 km

Frey am Zabelstein

Anreisemöglichkeiten siehe Website

Web: www.freyamzabelstein.de

Öffnungszeiten: Sa., So. und Feiertag ab 12 Uhr

Tipp: Hier können Sie mit frisch gebackenem Kuchen rechnen. Frische Luft und viel Natur erledigen den Kalorienabbau.

Am Zabelstein | 2,4 km

Zabelstein mit Aussichtsturm

Zabelstein
97513 Hundelshausen

Web: www.michelau.de

Tipp: Der Weg und der Aufstieg lohnen sich: eines der schönsten Panoramen Frankens!

TIPP VOM WINZER

UNSEREN SILVANER SOLLTE JEDER GAST PROBIEREN.

Winzerhof Stahl | Weingut und Restaurant

www.winzerhof-stahl.de **Plätze (innen/außen): 125/125**

WEINE

Müller-Thurgau, Silvaner, Riesling, Scheurebe, Sauvignon Blanc, Burgunder, Chardonnay, diverse Rotweinrebsorten.

KÜCHE

Ausschließlich 5- bis 7-gängige Menüs nach Reservierung.

WEINFEST

Jahrgangspräsentation mit Live-Musik (1. Mai).

ANSCHRIFT

Lange Dorfstrasse 21
97215 Auernhofen
Tel.: 09848 96896

ÖFFNUNGSZEITEN

Restaurant, Vinothek und Weinverkauf: Mo. bis Sa. nur gegen Voranmeldung/Reservierung.

DER COOLE WINZER

Christian Stahl steht nicht auf Folklore und ähnlichen Schnickschnack. Für ihn geht es ausschließlich um gut, behutsam und naturnah ausgebaute Weine, für die er seit der Übernahme von seinen Eltern im Jahre 2005 verantwortlich zeichnet. Das gefällt dem Publikum - und auch der Jury vieler Wettbewerbe. So gewann er 2006 erstmals einen internationalen Wettbewerb, wurde 2008 zum „Jungwinzer des Jahres" und schließlich 2012 zum „Newcomer des Jahres" gekürt. Weitere Prämierungen folgten, und auch die regionale Kundschaft findet viel Gefallen an den Flaschen mit so spannenden Serien-Namen wie „Damaszener Stahl", „Feder Stahl" und „Edelstahl". Was woanders übrigens Heckenwirtschaft heißt, nennt sich hier stylisch „Weingießerei" und wartet mit gehobenen Speisen und einer Location auf, die auch als perfekte Kulisse für Hochzeiten und Geburtstage dienen kann und dient.

Aub | 4,9 km

Schloss Aub

Hauptstr. 1, 97239 Aub
Das Schloss finden Sie in der südwestlichsten Ecke der Stadt.

Tipp: Das ehemalige fürstbischöfliche Jagdschloss ist nicht geöffnet, sollte bei einer Wanderung aber als Sehenswürdigkeit berücksichtigt werden.

Aub | 5,1 km

Fränkisches Spitalmuseum

Hauptstraße 33, 97239 Aub
Tel.: 09335 1803

Web: www.spitalmuseum.de

Öffnungszeiten: 1. Apr. bis 31. Okt.: Fr., Sa., So. & gesetzl. Feiertage von 13 bis 17 Uhr

Tipp: Gesonderte Öffnungszeiten und Führungen können Sie telefonisch vereinbaren.

TIPP VOM WINZER

SAUVIGNON BLANC UND CHARDONNAY.

Weinbau Familie Dürr GbR

www.weinbau-duerr.de **Plätze (innen/außen): 65/100**

WEINE
Müller-Thurgau, Bacchus, Silvaner, Scheurebe, Riesling, Dornfelder.

KÜCHE
Warme Küche: Kleine Karte, kalte Küche: Mittelgroße Karte; Spezialitäten: Winzerplatte

WEINFEST
Hofschoppenfest (Ende Juli), Weinfest des Weinbauvereins Bullenheim (Christi Himmelfahrt).

ANSCHRIFT
Bullenheim 73, 97258 Ippesheim
Tel.: 09339 1436

ÖFFNUNGSZEITEN
Weinverkauf und Weinstube: Ende Jan. bis 2. Advent: Sa., So. und Feiertage ab 15 Uhr; nach Voranmeldung Verkauf und für Gruppen, Reisebusse etc. Gastro auch außerhalb dieser Zeiten geöffnet.

SELBER WINZER WERDEN

Bei Dürrs in Bullenheim stimmt die Mischung - und das zu 150%! Feiner Wein, seit über 20 Jahren wieder selbst vermarktet, eine rustikale Stube mit traumhaft schönem Innenhof und gute, selbst gemachte Hausmannskost von der Wurst bis zum Kuchen. Und wem das noch nicht genug ist, der kann für ca. 15 bis 20 Euro Leasing-Pate eines Weinstockes werden. Den darf er dann auf Wunsch auch selbst hegen und pflegen (unter fachmännischer Anleitung, versteht sich) und den Ertrag schließlich stolz mit nach Hause nehmen. Sogar im Weinberg selbst sind die jeweiligen Rebstock-Leaser namentlich verewigt. Wer möchte, kann bei Familie Dürr auch übernachten und nach einem schönen Winzer-Frühstück in die Reben starten.

Bullenheim | 1,1 km

Weinlehrpfad

Bullenheim 157, 97258 Ippesheim
Tel.: 09339 9899054

Web: www.weinparadies-franken.de

Tipp: Hier finden Sie einige interessante Fakten, mit denen Sie beim nächsten Wein-Stammtisch angeben können.

Bullenheim | 500 m

Weinstall Reinhard Schmidt

Bullenheim 158, 97258 Ippesheim
Tel.: 09339 520

Web: www.weinstall-schmidt.franken-regio.de

Öffnungszeiten: Termine siehe Website

Tipp: Die grobe Bratwurst mit Kraut ist sehr zu empfehlen.

TIPP VOM WINZER

ROTER UND WEISSER SECCO - FEIN PRICKELD.

Weingut Helmstetter Main-Vinotel

www.weingut-helmstetter.de **Plätze (innen/außen): 80/120**

WEINE

Weißburgunder, Grauburgunder, Frühburgunder, Spätburgunder, Müller-Thurgau, Bacchus, Silvaner, Riesling, Sauvignon blanc, Domina.

KÜCHE

Kleine Karte warm und kalt; Spezialitäten: Rippchen gekocht vom Kamm.

WEINFEST

Weinkulturnacht am ehemaligen Weingut (Anfang Juni ab 16 Uhr).

ANSCHRIFT

Bainweg 1, 63927 Bürgstadt
Tel.: 09371 3341

ÖFFNUNGSZEITEN

Weinverkauf: Mo. bis Sa. 9 bis 12 Uhr und 14 bis 18 Uhr, So. 9 bis 13 Uhr oder nach tel. Vereinbarung. Häckerwirtschaft: genaue Öffnungszeiten siehe Website.

MODERNES WEIN-SCHLOSS

Die Helmstetters bauen schon seit vier Generationen bzw. dem Jahr 1900 ihre Weine an und aus. 2009 wurde es der Familie im Weinort Bürgstadt zu eng, sie zogen an den Rand und erbauten an einem kleinen Hang ihr „Main-Vinotel". Wie ein Schloss thront der imposante, aber nicht aufdringliche Bau dort und stimmt den Besucher beim Heranwandern schon auf die kommenden Genüsse ein. Als erster begegnet ihm wahrscheinlich Senior Erhard, der witzig und spritzig die Neugier auf die edlen Tropfen weckt - und natürlich die Begeisterung für edle Weine. Sohn Max absolvierte 2009 seine Ausbildung und ist seitdem kreativer Kopf des Weingutes. Mama Jutta schließlich sieht sich für das sonstige Glück der Gäste verantwortlich, zaubert ihnen jeden Tag ein riesiges Frühstücksbüffet und verziert alle Ecken und Winkel mit liebevoller Dekoration.

Bürgstadt | 1 km

Geopark Kulturpfad

Ausgangspunkt der Wanderung:
Martinsgasse 22, 63927 Bürgstadt

3 und 10 km lange Schleifen,
Dauer: ca. 4 Std.

Web: www.geo-naturpark.net

Tipp: Ausflug ins frühe Mittelalter, der glanzvollen Epoche von Bürgstadt.

Bürgstadt | 600 m

Weinbau Bernart Helmstetter

Martinsgasse 38, 63927 Bürgstadt
Tel.: 09371 8471

Web: www.weinbau-helmstetter.de

Öffnungszeiten: siehe Website

Tipp: Probieren Sie die Hausmacher Wurst und Schinken.

TIPP VOM WINZER

„DIE BESONDEREN BURGUNDER-WEINE AUS BÜRGSTADT."

Weingut Stich „Im Löwen“

www.weingut-stich.de | **Plätze (innen/außen): 60/80**

WEINE

Silvaner, Müller-Thurgau, Weißburgunder, Riesling, Gewürztraminer, Bacchus, Kerner, Spätburgunder, Schwarzriesling, Frühburgunder.

KÜCHE

MIttelgroße Karte warm und kalt; Spezialitäten: Fränkische Mostsuppe mit Zimtkracherli

ANSCHRIFT

Freudenberger Straße 73
63927 Bürgstadt
Tel.: 09371 5705

ÖFFNUNGSZEITEN

Weinverkauf: Mo. bis Fr. 9 bis 12 Uhr und 14 bis 18 Uhr, Sa. 9 bis 16 Uhr. Gutsausschank: Ab Ostermontag für 14 Tage, Ende Jun./Anfang Jul. für 10 Tage, Mitte bis Ende Nov. für 10 Tage, jeweils täglich ab 12 Uhr.

IMMER FÜR SIE DA

Helga und Gerhard Stich leben und lieben den Wein im churfränkischen Bürgstadt. In dessen wertvollsten Lagen, Centgrafenberg und Hundsrück, stehen ihre Reben und lassen sich jedes Jahr aufs Neue von der Sonne verwöhnen. Mit im Team sind quasi schon seit Geburt die Söhne Alexander und Philipp, wobei letzterer mit einem Weinbaustudium in Geisenheim bereits die Grundlagen für die Übergabe der Weinbautradition gelegt hat. Ein echtes Highlight im wahrsten Sinne des Wortes ist das alte Gasthaus „Zum Löwen“, in dem die Vier ihren Betrieb untergebracht haben. Mit schönen Verzierungen und seinen gelben Klinkersteinen macht es die Gäste schon von Weitem neugierig auf einen Besuch. Werfen Sie auf jeden Fall einen Blick in den Jugendstil-Saal, der heute als Festsaaldient. Logischerweise gibt das Gebäude auch einen perfekten Rahmen für ausführliche Verkostungen.

Bürgstadt | 1,1 km

Museum Bürgstadt

Am Mühlgraben 2, 63927 Bürgstadt
Tel.: 09371 99560

Web: www.hgv-buergstadt.de

Öffnungszeiten: siehe Website

Tipp: Da das Museum nur sonntags geöffnet hat, fragen Sie ansonsten telefonisch bei der Gemeindeverwaltung Bürgstadt an: 09371 97380

Bürgstadt | 1 km

Weinbau Gall

Jahnstraße 7, 63927 Bürgstadt
Tel.: 09371 5618

Web: www.weinbau-gall.de

Öffnungszeiten: siehe Website

Tipp: Mit der Winzerplatte können Sie nichts falsch machen.

TIPP VOM WINZER

FRANK & FREI: UNSER MÜLLER-THURGAU.

Weingut Neuberger

www.weingut-neuberger.de

Plätze (innen/außen): 70/200

WEINE

Frühburgunder, Müller-Thurgau, Silvaner, Bacchus, Kerner, Weißburgunder, Riesling, Muscaris, Cabernet Dorsa, Cabernet Mitos, Spätburgunder.

KÜCHE

Mittelgroße Karte warm und kalt; Spezialitäten: Kräuterquark mit Pellkartoffeln.

WEINFEST

Weinkulturnacht (2. Sa. im Jun.).

ANSCHRIFT

Freudenberger Straße 7
63927 Bürgstadt
Tel.: 09371 2562

ÖFFNUNGSZEITEN

Weingut: Di. bis Fr. 9 bis 12 Uhr und 14 bis 18.30 Uhr, Sa. 9 bis 15 Uhr. Häckerwirtschaft: Ca. 2 Wochen in Jan., 2 Wochen vor Pfingsten, 2 Wochen ab dem 3. WE im Jul., jeweils täglich ab 11.30 Uhr, genaue Termine siehe Website.

FEIN, FEIN, FEIN

Aus Bürgstadt kommt nicht nur guter Wein, auch die erste unterfränkische Bayerische Bierkönigin Sabine Anna Ullrich hat hier ihr Zuhause. Für uns fast ein Wunder, dass sie zum Gerstensaft gefunden hat, wo es doch hier so phantastische Traubenwunder zu genießen gibt. Beispielsweise die Auslesen und Eisweine der Neubergers. Selten haben wir bei einem Wein so lange einfach nur geschwiegen und genossen. Kein Wunder, denn dahinter stecken echte Profis. Seit 1983 konzentriert sich die Winzerfamilie auf ihre Reben, darunter auch schwere Rotweine und der seltene Frühburgunder. Genießen können Sie hier das ganze Jahr, im Sommer im romantischen Innenhof, im Winter in der urigen Häckerstube im alten Fachwerkbau.

Bürgstadt | 100 m

Alter Kirchhof

Freudenberger Straße, 63927 Bürgstadt

Web: www.miltenberg.info

Tipp: Sehr geschichtsträchtiger Platz, mit Grabplatten aus der Zeit von 1580 bis 1720.

Bürgstadt | 1 km

Weinstube Erhard Hofmann

Erfstraße 5, 63927 Bürgstadt
Tel.: 09371 5682

Öffnungszeiten: auf Anfrage

Tipp: Selbst gemachter Kochkäse oder Speckflammkuchen für Genießer, die es deftig mögen.

TIPP VOM WINZER

SPÄTBURGUNDER: ROTWEIN, ROSÉ UND BLANC DE NOIR.

Fürstlich Castell´sches Domänenamt

www.castell.de

Plätze (innen/außen): 40/30

WEINE

Silvaner, Riesling, Müller-Thurgau, Bacchus, Weißburgunder, Grauburgunder, Spätburgunder, Domina, Merlot.

KÜCHE

Mittelgroße Karte warm und kalt; Spezialitäten: Filet vom Schwarzerle mit Pastinaken-Stampf, Mini-Möhre und Jus.

WEINFEST

Weinfest (2. und 3. WE im Jul.).

ANSCHRIFT

Schloßplatz 5, 97355 Castell
Tel.: 09325 60166

ÖFFNUNGSZEITEN

Weingut: Mo. bis Fr. 8 bis 18 Uhr, Sa. 10 bis 16 Uhr, So. und Feiertage geschlossen.
Restaurant: Mi. bis Fr. 12 bis 14.30 Uhr und 18 bis 21 Uhr, Sa. und So. 12 bis 21 Uhr (Änderungen saisonbedingt möglich).

DER URSPRUNG

Hier im geschichtsträchtigen Örtchen Castell liegt die Wiege des deutschen Silvaners. Schon seit dem Mittelalter hatten die Bauern hier Wein angebaut, 1659 ließ die fürstliche Familie schließlich die ersten Silvaner-Reben pflanzen. Dies war der Beginn einer Erfolgsgeschichte. Denn im 20. Jahrhundert machte Silvaner mit über 30% den größten Anteil im deutschen Weinbau aus. Doch dann veränderten sich die Prioritäten - der Star von einst stellt heute nur noch jede 20. Rebe. Nichtsdestotrotz sind die Castell'schen ihrer Sorte treu geblieben und halten an ihrem Lieblingswein fest. Diese Standhaftigkeit zahlt sich aus, 2016/17 wurde das Weingut vom Feinschmecker als eines der besten in ganz Deutschland ausgezeichnet.

Castell | 100 m

Restaurant Weinstall

Schlossplatz 3, 97355 Castell
Tel.: 09325 9809949

Web: www.weinstall-castell.de

Öffnungszeiten: siehe Website

Tipp: Regionale und saisonale Köstlichkeiten treffen auf ausgezeichnete Weine.

Castell | 500 m

Schlossturm Castell

97355 Castell

Web: www.castell-gemeinde.de

Öffnungszeiten: ganzjährig geöffnet

Tipp: Herrlicher Blick in das Steigerwald-Vorland und an manchen Tagen bis in die Rhön.

TIPP VOM WINZER

SILVANER - IM WEINGUT 1659 ERSTMALS GEPFLANZT.

Winzerhof Kieselsmühle

www.kieselsmuehle-dettelbach.de Plätze (innen/außen): 40/0

WEINE

Silvaner, Müller-Thurgau, Bacchus, Kerner, Riesling, Rieslaner, Traminer, Domina, Blauer Zweigelt.

KÜCHE

Nur bei gebuchten Weinproben ab 20 Personen, kalte Speisen in Form eines üppigen fränkischen Brotzeitbuffets.

WEINFEST

Tag der offenen Tür im Winzerhof Kieselsmühle (1. Sa. im Mai).

ANSCHRIFT

Schweinfurter Straße 30
97337 Dettelbach
Tel.: 09324 3388

ÖFFNUNGSZEITEN

Weinverkauf: Mo. bis Fr. 9 bis 18 Uhr, Sa. 10 bis 15 Uhr sowie nach persönlicher Absprache.

VOM SCHWEIN ZUM WEIN

Bis 1992 war der Hof der Schmitts noch ein reiner Landwirtschaftsbetrieb mit Feldern und Schweinen. Zwar gehörten auch schon Weinberge dazu, aber die Trauben gingen direkt an eine Kelterei. Werner und Petra Schmitt entschlossen sich damals, beim Wein künftig selbst Hand anzulegen und machten aus dem Bauern- einen Winzerhof. Heute ist auch Tochter Anna-Lena mit von der Partie, und gemeinsam begeistern sie die Besucher der Kieselsmühle mit einer breiten Palette spannender Weine. Für uns unvergessen die Spätlesen und ein spontanvergorener Müller-Thurgau namens „SADE", der allerdings mit dem gleichnamigen Marquis nichts zu tun hat, sondern unsere Gaumen fein umschmeichelte. Ach ja, werfen Sie unbedingt einen Blick in den über 400 Jahre alten Gewölbekeller, wo auch die moderierten Verkostungen stattfinden!

Dettelbach | 1 km

Altfränkischer Gasthof Grüner Baum

Falterstraße 2, 97337 Dettelbach
Tel.: 09324 97230

Web: www.gruener-baum-dettelbach.de

Tipp: Dettelbacher Winzererzeugnisse und regionale Spezialitäten in schöner Umgebung.

Dettelbach | 1,5 km

Wallfahrtskirche Maria im Sand

Wallfahrtsweg 18, 97337 Dettelbach
Tel: 09324 91710

Web: wallfahrtskirche.pfarrei-dettelbach.de

Tipp: Sehenswerte Kirche auf einer Anhöhe am östlichen Stadtrand von Dettelbach.

TIPP VOM WINZER

UNSER TRIO VOM BLAUEN ZWEIGELT.

Weinbau Prechtl

www.weinbau-prechtl.de **Plätze (innen/außen): 40/0**

WEINE

Bacchus, Müller-Thurgau, Scheurebe, Spätburgunder.

KÜCHE

Kleine Karte warm und kalt; Spezialitäten: Kochkäse mit kräftigem Heckenbrot, Spinatspatzen mit Gorgonzolasoße.

ANSCHRIFT

Höhbergstraße 12
97904 Dorfprozelten
Tel.: 09392 6392

ÖFFNUNGSZEITEN

Häckerwirtschaft: 9 Tage jeweils im Mär./Apr. und Okt./Nov., genaue Termine bitte Telefonisch erfragen, Mi. bis Sa. ab 16 Uhr, So. ab 14 Uhr, Mo. und Di. geschlossen.

IN DER NATUR, MIT DER NATUR, FÜR DIE NATUR!

Auch wenn der Weinbau hier nur im Nebenerwerb stattfindet, geschieht er dennoch mit großer Liebe und Hingabe. Schließlich geht es auch im Hauptberuf der Prechtls um den Rebensaft, und so steht jede Menge Erfahrung auf der Habenseite. Außerdem bewirtschaften sie ihre eigenen Trauben seit Jahren ohne Pflanzengifte und keltern die Weine vegan. Es gibt also viele Gründe, einen ausführlichen Zwischenstopp in Dorfprozelten einzulegen, am besten zum Besuch einer Weinbergerlebnisführung mit anschließender Verkostung. In der traumhaft gelegenen „Häcke“ finden traditionell maximal 40 Leute Platz, das reicht für gute Stimmung und einen wunderschönen Abend!

Dorfprozelten | 700 m

Weinberg Rundweg

Ausgangspunkt der Wanderung: Parkplatz Obstplantage, 2,3 km Länge, Dauer: ca. 45 Minuten

Web: www.dorfprozelten.de

Tipp: Der Weg führt durch den Weinberg wieder zurück zum Ausgangspunkt.

Stadtprozelten | 3,6 km

Henneburg Ruine

Hauptstraße 125, 97909 Stadtprozelten
Tel.: 09392 7794

Web: www.naturpark-spessart.de

Tipp: Die Burg kann ganzjährig besichtigt werden, in den Sommermonaten sind die Aussichtsplattformen beider Bergfriede zugänglich.

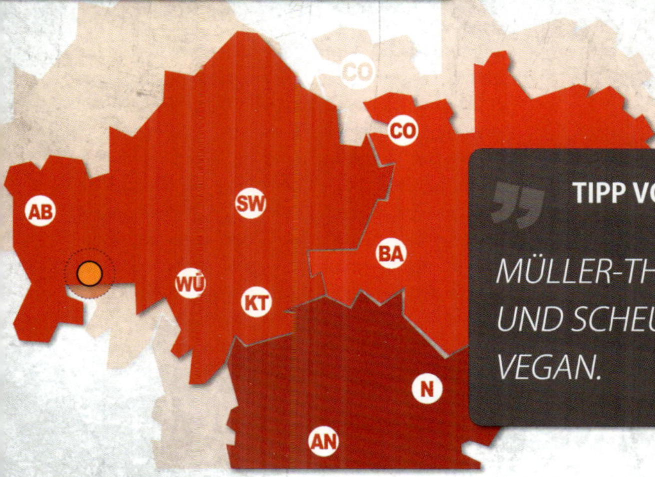

TIPP VOM WINZER

MÜLLER-THURGAU UND SCHEUREBE VEGAN.

Weingut Breunig

www.weingut-breunig.de

Plätze (innen/außen): 60/12

WEINE

Silvaner, Müller-Thurgau, Riesling, Bacchus, Scheurebe, Weißburgunder, Kerner, Schwarzriesling, Domina, Spätburgunder, Dornfelder.

KÜCHE

Kleine Karte warm und kalt; Spezialitäten: Blaue Zipfel, Schweinszüngli in Blausud.

WEINFEST

Weinbergswanderung in Eibelstadt (Pfingstsonntag), Weinrendezvous im Eibelstadter Rathaus (3. Okt.).

ANSCHRIFT

Würzburger Straße 9
97246 Eibelstadt
Tel.: 09303 1560

ÖFFNUNGSZEITEN

Weinladen: Mo. bis Fr. 9 bis 18 Uhr, Sa 9 bis 13 Uhr. Heckenwirtschaft: genaue Termine siehe Website.

EIN JAHRTAUSEND WEINBAU

So könnte man die Geschichte Eibelstadts in drei Worten zusammenfassen. Genau dort übernahmen Jürgen und Sandra Breunig 2011 den elterlichen Weinbaubetrieb, strukturierten ein wenig um und können heute stolz auf elf Hektar eigene Rebflächen blicken. Natürlich gibt es bei einer solch langen Geschichte viel zu erzählen - beispielsweise von den „Lügensteinen", vermeintlichen Fossilien, die zu Beginn des 18. Jahrhunderts von drei Jugendlichen im Muschelkalk eines Eibelstädter Weinberges gefunden worden waren. Ein Würzburger Professor war begeistert, kaufte den drei Schlitzohren über 2.000 weitere Steine ab und erkannte erst nach vielen Jahren den Betrug. Nicht gelogen ist natürlich die gute Qualität der Weine der Breunigs, die Sie zu den spannenden Erzählungen bei einer Weinerlebnisführung gereicht bekommen. Freuen Sie sich außerdem auf deftige Brotzeiten und die legendären „Blauen Zipfel" in der Heckenwirtschaft!

Eibelstadt | 200 m

Türme Rundgang

Ausgangspunkt der Wanderung: Oberer Graben, 97246 Eibelstadt, 1,4 km Länge

Web: www.eibelstadt.de

Tipp: Ein Großteil des Weges ist bewusst abseits befahrener Straßen angelegt.

Eibelstadt | 1,2 km

Weingut Thomashof

Thomashof 1, 97246 Eibelstadt
Tel.: 09303 517

Web: www.weingut-thomashof.de

Öffnungszeiten: nur auf Anfrage

Tipp: Den Silvaner Cabinett Trocken unbedingt kosten.

TIPP VOM WINZER

„WEISSBURGUNDER KABINETT UND-WEISSWEINCUVÉ."

Weingut Max Markert

www.weingut-markert.de **Plätze (innen/außen): 0/0**

WEINE

Silvaner, Müller-Thurgau, Bacchus, Scheurebe, Riesling, Rieslaner, Weißer Burgunder, Domina, Spätburgunder, Dornfelder, Cabernet Dorsa, Portugieser.

WEINFEST

Weinerlebnistage inmitten der Eibelstädter Weinberge an der eigenen Betriebshalle (alle 2 Jahre im Juli in den geraden Jahren).

ANSCHRIFT

Am Zöller 1, 97246 Eibelstadt
Tel.: 09303 1795

ÖFFNUNGSZEITEN

Weinverkauf: Mo. bis Fr. 9 bis 12 Uhr und 15 bis 18 Uhr, Sa. 10 bis 15 Uhr, außerhalb dieser Zeiten nach tel. Vereinbarung.

WEIN ZUR BROTZEIT

Winzer Max Markert wuselte schon als Kind durch die Weinberge rund um Eibelstadt und lernte so schon früh, was es heißt, im Einklang mit den Reben zu leben und ihren Wuchs zu verstehen. Mit viel Fingerspitzengefühl arbeitet er heute mit Kellermeister Thomas Heil an jedem einzelnen Tropfen und wird mit klaren und facettenreichen Weinen belohnt. Die sind grob in drei Linien unterteilt: Die „Brotzeitweine" sind - wie der Name schon sagt - für den alltäglichen Genuss zur Vesper oder zum Abendessen gedacht, sind kaltvergoren und jugendlich frisch. Eher für den Sonntag sind die „Bocksbeutelweine" gedacht, die klassisch fränkisch langsam gären und lange auf der Hefe liegen. Den absoluten Hochgenuss versprechen die „Lieblingsweine", unter denen sich zum Beispiel auch ein Wein von einer Lage mit 44 Jahre alten Reben befindet - also solche, mit denen unser Max einst groß geworden ist.

Eibelstadt | 550 m

Heimatmuseum

Hauptstraße 12, 97246 Eibelstadt
Tel.: 09303 980381

Web: www.eibelstadt.de

Öffnungszeiten: *Mai bis Okt. So. 14 bis 16 Uhr*

Tipp: Das Haus zeigt auch ein Fasslager, Häckerwerkzeug sowie Herbstgeschirr zur Lese in alten Zeiten.

Eibelstadt | 700 m

Zum Weinglöcklein

Marktplatz 1, 97246 Eibelstadt
Tel.: 09303 7459154

Web: www.weingloecklein.de

Öffnungszeiten: Mo. bis Fr. 11 bis 14 Uhr und 17 bis 23 Uhr, Sa. und So. 11 bis 23 Uhr,

Tipp: Der Gewölbekeller bietet sich für Gruppen, geschlossene Gesellschaften oder private Feiern an.

TIPP VOM WINZER

„ALINA BLANC DE NOIR UND WEISSE BURGUNDER.“

Weingut Hausknecht

www.weingut-hausknecht.de | **Plätze (innen/außen): 80/60**

WEINE

Müller-Thurgau, Bacchus, Kerner, Scheurebe, Riesling, Weißer Burgunder, Silvaner, Domina, Dornfelder, Spätburgunder.

KÜCHE

Mittelgroße Karte warm und kalt; Spezialitäten: Überbackener Camembert, Sülze mit Bratkartoffeln

ANSCHRIFT

Würzburger Straße 59
97250 Erlabrunn
Tel.: 09364 2533

ÖFFNUNGSZEITEN

Weingut: Mo. bis Sa. 8 bis 18 Uhr und nach tel. Vereinbarung.
Winzerschänke: Ende Mär. bis Apr. und Mitte Aug. bis Anfang Sep., jeweils Di. bis Sa. ab 16 Uhr, So. und Feiertage ab 14.30 Uhr.

SELIG MIT OBST UND WEIN

Seit den 1980er Jahren spezialisieren sich die heutigen Hausknechts auf den Wein- und Obstbau. Dabei haben sie eine spannende Palette unterschiedlichster Reben im Anbau. Dazu gehört auch der Weißburgunder, der ansonsten in Franken eher ein Schattendasein führt, auch wenn Deutschland an sich das Land mit der größten Anbaufläche dieser Traube ist. Frank und Monika Hausknecht absolvierten 1987 die Ausbildung zum Weinbautechniker und Winzermeister, zehn Jahre später übernahm Monika den elterlichen Betrieb. Seitdem hagelte es förmlich Auszeichnungen aller Art für die edlen Tropfen des Hauses. Und auch Sohn Markus steckt bereits mitten in der Winzerausbildung.

Veitshöchheim | 3,8 km

Weinrestaurant Spundloch

Kirchstraße 19, 97209 Veitshöchheim
Tel.: 0931 900840

Web: www.spundloch.com

Öffnungszeiten: *Mär. bis Okt.: täglich 11.30 bis 21.30 Uhr.*

Tipp: Das romantische Candle-Light Dinner im Spundloch.

Veitshöchheim | 4,5 km

Weinlehrpfad

Ausgangspunkt der Wanderung:
Birkentalstraße, 97209 Veithöchsheim, ca. 2 km Länge

Web: www.veitshoechheim.de

Tipp: Der Weg ist befestigt und schließt einen längeren Treppenaufgang ein.

TIPP VOM WINZER

SILVANER, WEISSER BURGUNDER UND RIESLING.

Weingut Wengerter

www.weingut-wengerter.de Plätze (innen/außen): 60/120

WEINE

Müller-Thurgau, Bacchus, Riesling, Weißburgunder, Chardonnay, Muskateller, Kerner Traminer, Silvaner Spätburgunder, Portugieser, Dornfelder, Domina, Cabernet Mitos, Zweigelt , Blauburger.

KÜCHE

Kleine Karte warm und kalt; Spezialitäten: Kochkäse, Häckerplatte, Bratwürste, Leberknödel.

WEINFEST

Erlenbacher Weinfest (2. WE im Jul.).

ANSCHRIFT

Klingenberger Straße 29
63906 Erlenbach/Main
Tel.: 09372 944616

ÖFFNUNGSZEITEN

Weinverkauf: Mo. bis Fr. 9 bis 12 Uhr und 14 bis 18 Uhr, Sa. 9 bis 13 Uhr. Häckertermine: Siehe Website.

DAS DOPPELTE STÜBCHEN

Als die Wengerters 1988 ihre ersten eigenen Reben in den Klingenberger Weinbergen umsorgten, begann eine echte Erfolgsgeschichte. Zwei Jahre später eröffneten sie ihre erste Häckerwirtschaft und zogen 1994 damit in den Ortsteil Röllfeld um. 1999 übernahm Rainer Wengerter zudem das Weingut der Stadt Erlenbach und vergrößerte so seine Anbaufläche auf über 16 Hektar - und hatte eine zweite schöne Weinstube. So nimmt es nicht Wunder, dass 18 verschiedene Reben auf verschiedenen Böden eine umfangreiche und spannende Palette an hervorragenden Weinen ergeben, die auch bei den Prämierungen immer bestens abschneiden. Besonders die Aus- und Spätlesen haben uns begeistert - hier sollten Sie ebenfalls jeweils mindestens einen Schluck wagen.

Erlenbach | 2,3 km

Churfranken-Kräutergarten

Am Mainbogen, mitten im Weinberg
63906 Erlenbach am Main
Tel.: 09372 70444

Web: www.stadt-erlenbach.de

Tipp: Die genaue Lage des Kräutergartens erfahren Sie in der Stadt Erlenbach.

Klingenberg | 6,7 km

Winzerstube Wengerter

Himmeltalerstraße 42,
63911 Klingenberg-Rollfeld
Tel.: 09372 921154

Web: www.weingut-wengerter.de

Tipp: Hier ist es so richtig gemütlich. Planen Sie für den Zwischenstopp gerne etwas mehr Zeit ein.

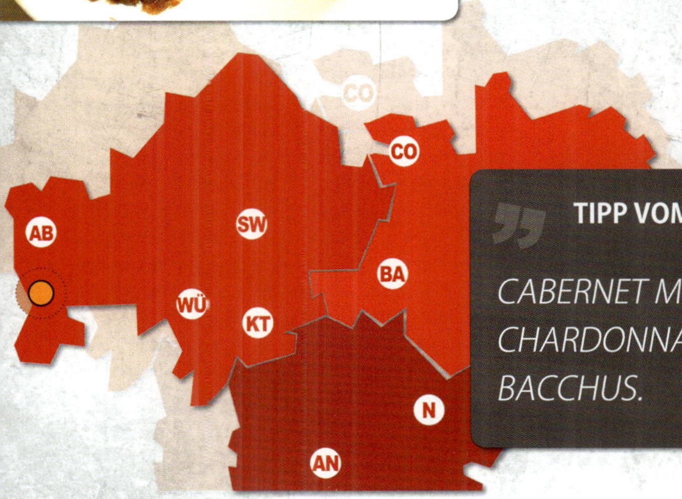

TIPP VOM WINZER

CABERNET MITOS, CHARDONNAY UND BACCHUS.

Weingut Michael Fröhlich

www.weingut-michael-froehlich.de

Plätze (innen/außen): 0/0

DAS ERLEBNIS BIN ICH

Diese vier selbstbewussten Worte stammen von Michael Fröhlich, der als Spross einer generationenlangen Traubenerzeugerfamilie derjenige war, der 1989 mutig den Schritt zur Selbstständigkeit mit einem eigenen Weingut wagte. Dabei konnte er natürlich auf die tatkräftige Mithilfe und das Wissen seiner Eltern und Großeltern bauen, die ihn beim Verlassen der Winzergemeinschaft unterstützten. Heute dreht sich alles um den „Lump", die Escherndorfer Weinlage, die hier durchaus auch Glaubensfrage ist, wie ein örtliches Sprichwort belegt: „Es muss nicht alles Lump sein. Aber ohne Lump ist alles nichts." Gemeinsam mit 13 anderen Winzern kümmert sich Michael außerdem um die Rebe „Müller-Thurgau", die sie jeweils unter dem Label „Frank & Frei" vermarkten.

WEINE

Silvaner, Müller-Thurgau, Riesling, Bacchus, Scheurebe, Rieslaner, Gelber Muskateller, Spätburgunder, Portugieser.

WEINFEST

Hofschoppenfest-Wochenende im Weingut (Ende Aug.).

ANSCHRIFT

Bocksbeutelstraße 41
97332 Escherndorf
Tel.: 09381 2847

ÖFFNUNGSZEITEN

Weinverkauf: Mo. bis Fr. 9 bis 18 Uhr, Sa. 10 bis 17 Uhr, ansonsten nach Vereinbarung.

Volkach | 4,6 km

Weinstube Torbäck

Hauptstraße 35, 97332 Volkach
Tel.: 09381 8462734

Web: www.torbäck-volkach.de

Öffnungszeiten: Apr. bis Ende Okt.: täglich von 11 bis 14 Uhr und ab 17 Uhr

Tipp: Frische saisonale Köstlichkeiten, regionaltypisch und modern zubereitet.

Zeilitzheim | 9,8 km

Barockschloss Zeilitzheim

Marktplatz 14, 97509 Kolitzheim
Tel.: 09381 9389

Web: www.barockschloss.de

Öffnungszeiten: siehe Website

Tipp: Im Schloss können Sie auch eine Weinprobe bei den drei jungen Winzern buchen.

TIPP VOM WINZER

„RIESLING- UND SILVANERWEINE AUS DER STEILLAGE."

Weingut Rainer Sauer

www.weingut-rainer-sauer.de **Plätze (innen/außen): 0/0**

DER SILVANER-GOTT

Rainer Sauer hat sich international den Ruf des absoluten Silvaner-Experten erworben. Nicht nur, weil er auf zwei Dritteln seiner Rebflächen diese Trauben anbaut, sondern auch, weil er mit seinen Weinen regelmäßig Top-Platzierungen bei den Wettbewerben abräumt, vor allem natürlich die als „bester Silvaner Deutschlands". Man könnte auch den Eichelmann Wein-Guide zitieren: „Wer sich für Silvaner interessiert, der kommt an ihm nicht vorbei, und wer sich nicht für Silvaner interessiert, der sollte nach Escherndorf fahren und Rainer und Daniel Sauer besuchen!" Rainers Begeisterung ist mittlerweile auch auf seinen Sohn Daniel übergegangen, der ihm in Weinberg und Keller in nichts mehr nachsteht. Nach einem Praktikum im Weinland Kalifornien studierte er Oenologie in Geisenheim, wurde 2011 Jungwinzer des Jahres und managt heute vor allem den Keller des Sauerschen Gutes.

WEINE

Silvaner, Müller-Thurgau, Riesling, 4% übrige Sorten.

WEINFEST

Weinsommerfest (3. WE im Jul.).

ANSCHRIFT

Bocksbeutelstraße 15
97332 Escherndorf
Tel.: 09381 2527

ÖFFNUNGSZEITEN

Weingut: Mo. bis Fr. 9 bis 12 Uhr und 13 bis 18 Uhr, Sa. 10 bis 17 Uhr.

Escherndorf | 800 m

Gasthaus zur Mainaussicht „Gifthütte"

Astheimer Str. 51, 97332 Volkach
Tel.: 09381 1266

Web: www.gasthaus-mainaussicht.de

Öffnungszeiten: siehe Website

Tipp: Zur Bremserzeit gibt es hauseigenen Federweißer mit selbstgebackenem Zwiebelkuchen und deftigen Brotzeiten.

Escherndorf | 450 m

Mainfähre

Zwischen Escherndorf und Nordheim

Web: www.escherndorf.de

Öffnungszeiten: Täglich bis 20 Uhr, im Winter bis 19 Uhr.

Tipp: Die Fähre spart richtig Zeit und ist noch ein Erlebnis. Achtung: Schon bei leichtem Hochwasser ist die Fähre außer Betrieb.

TIPP VOM WINZER

DIE EINMALIGE SILVANER-KOLLEKTION.

Weinhof Raps

www.frankenwein-erleben.de **Plätze (innen/außen): 40/0**

WEINE

Müller-Thurgau, Bacchus, Silvaner, Kerner, Domina.

KÜCHE

Warme Küche: Kleine Karte; Kalte Küche: Mittelgroße Karte; Spezialitäten: Bratwürste mit Kraut oder Salat

ANSCHRIFT

Dr.-Heim-Straße 3,
97232 Giebelstadt-Eßfeld
Tel.: 09334 395

ÖFFNUNGSZEITEN

Heckenwirtschaft: Im Frühjahr 4 Wochen vor oder nach Ostern, im Sommer ab Ende Jul. für 5 Wochen, im Herbst ab Mitte Sep. für 4 Wochen, jeweils täglich ab 15 Uhr.

WEIN UND MEHR

Matthias Raps ist nicht nur Winzer, sondern vor allem auch Landwirt. Zu dem Hof im Ochsenfurter Gau zählen neben den Weinbergen bei Randersacker und Kleinochsenfurt vor allem Felder für den Zuckerrüben-, Weizen- und Maisanbau. Dementsprechend bleibt wenig Zeit für eine umfangreiche Selbstvermarktung - hier haben wir also eher einen echten Geheimtipp. Denn die guten Tropfen erhalten Sie fast ausschließlich zu den Öffnungszeiten der Heckenwirtschaft. Dann aber sollten Sie zudem auch noch Hunger mitbringen. Die Winzersgattin entpuppte sich nämlich als Göttin in der Küche und zaubert viele hausgemachte Leckereien, die den vinophilen Besuch hier perfekt ergänzen. Gerade im frühen Sommer tanken Sie hier pure Lebenslust. Denn der Gastraum ist eigentlich ein großer Wintergarten mit Glasdach, und es grünt und blüht in jeder Ecke!

Eßfeld | 160 m

Jungbrunnen Eßfeld

97232 Eßfeld

Web: www.essfeld.de

Tipp: Das sehr schön angelegte Kneippbecken im Ort ist ganzjährig geöffnet.

Sommerhausen | 7,9 km

Gasthof Hotel Anker

Maingasse 2, 97286 Sommerhausen
Tel.: 09333 232

Web: www.gasthof-anker.de

Öffnungszeiten: siehe Website

Tipp: Wanderer, Radfahrer und Motorradfahrer sind ausdrücklich willkommen.

TIPP VOM WINZER

FAVORIT DER GÄSTE IST DER SILVANER TROCKEN.

Weingut Höfling

www.weingut-hoefling.de | Plätze (innen/außen): 95/0 (zum Hoffest 500)

WEINE

Silvaner, Riesling, Weißburgunder, Sauvignon Blanc, Müller-Thurgau, Bacchus, Scheurebe, Kerner, Gewürztraminer, Spätburgunder, Domina, Frühburgunder.

KÜCHE

Kleine Karte warm und kalt; Spezialitäten: Gebackene Leberwurst mit Geröste

WEINFEST

Hofschoppenfest (2. WE im Jun.).

ANSCHRIFT

Kellereigasse 14
97776 Eußenheim
Tel.: 09353 7632

ÖFFNUNGSZEITEN

Vinothek: Mo. bis Fr. 9 bis 12 Uhr und 13 bis 18 Uhr, Sa. 9 bis 12 Uhr sowie nach Vereinbarung.
Heckenwirtschaft: Siehe Website unter Termine.

WAS DU TUST, TUE GANZ!

So lautet das Motto der Familie Höfling, die demzufolge auch ganz viel macht. So gibt es eigene Brände und Liköre, Honig, Wurst (aus eigener Mast und Schlachtung) und Marmelade, sowie jede Menge Leckereien aus der kleinen Küche. Unser Favorit war das Knusperbrot, quasi ein Schwarzbrot-Kräuter-Toast, dazu einer der Barrique-Weine, die es sowohl weiß (Beispiel Silvaner) als auch rot (Beispiel Domina) gibt. Verantwortlich zeichnet seit 2007 Klaus Höfling, der das Ruder von seinen Eltern Marianne und Werner übernahm. Doch insbesondere Werner ist nach wie vor nicht wegzudenken. Er dirigiert die Mannschaft im Weinberg und sorgt so gemeinsam mit seinem Sohn für die beste Grundlage der guten Weine.

Eußenheim | 900 m

Wein- und Gesundheitsweg

Ausgangspunkt der Wanderung: Gebr.-Walther-Weg 11, 97776 Eußenheim
Länge: ca. 2 km
Tel.: 09353 97470

Web: www.eussenheim.de

Tipp: Eußenheim präsentiert sich mit seiner anspruchsvollen Weinlage „Eußenheimer First" als Weinort.

Eußenheim | 600 m

Salzgrotte

Gebr.-Walther-Weg 15, 97776 Eußenheim
Tel.: 09353 6194

Web: www.fitnessoase-eussenheim.de

Öffnungszeiten: siehe Website

Tipp: Hier kann nach einer anstrengenden Wanderung angemessen entspannt werden.

TIPP VOM WINZER

UNSER SILVANER MUSS PROBIERT WERDEN.

Familienweingut Braun

www.weingut-braun.de | Plätze (innen/außen): 57/60

WEINE

Silvaner, Müller-Thurgau, Burgunder, Riesling, Bacchus, Gelber Muskateller, Sauvignon blanc, Chardonnay, Scheurebe, Traminer, Kerner, Rieslaner, Spätburgunder, Schwarzriesling, Merlot, Domina, Rosenmuskateller, Goldmuskateller, Cabernet Sauvignon.

KÜCHE

Mittelgroße Karte warm und kalt; Spezialitäten: Winzersteak mit hausgemachtem Zwetschgen-Chutney.

WEINFEST

Hofschoppenfest (Jul./Aug.), Volkacher Weinfest (Mitte Aug.).

ANSCHRIFT

Blütenstraße 22,
97332 Fahr am Main
Tel.: 09381 80730

ÖFFNUNGSZEITEN

Weinverkauf & Weinstube: für genaue Termine siehe Website.

ZWISCHEN SILVANER UND SAUVIGNON

Heike und Thomas Braun übernahmen das Weingut 1998 von den Eltern und haben den Betrieb konsequent weiterentwickelt. Heute verfügt es über elf Zimmer, in denen die Weinfreunde nach getaner Genussarbeit gemütlich schlummern können. So mancher verbringt hier auch den ganzen Urlaub und freut sich über Entspannung und Knowhow. Schließlich lässt sich hier vieles rund um den Traubensaft lernen und erfahren - und natürlich dann auch entsprechend verkosten. Zu dem umfangreichen Sortiment gehören Klassiker und Experimente, Neues und Altes, jeweils zusammengefasst in den Kategorien „Flink", „Wahr", „Mutig" und „Reif". Daneben finden sich auch Schaumweine, Schoppenweine, Liköre und Brände sowie feine Glühweine, Traubensäfte, Essige und Marmeladen. Das Ganze kommt auf Wunsch sogar nach Hause. Es bleibt also kein Wunsch unerfüllt!

Fahr am Main | 200 m

Mainfähre

Mainufer Fahr am Main

Web: www.fahr-am-main.de

Öffnungszeiten: Im Sommer: Mo. bis Fr. 6.30 bis 8.30 und 12 bis 20 Uhr. Sa., So. und Feiertage 9 bis 19 Uhr.

Tipp: Auf Anfrage Erlebnisführung mit den GästeführerInnen vor Ort (Tel.: 09381 3510).

Gaibach | 5,4 km

Heilig-Kreuz-Kapelle

Staatsstraße 2271 auf dem Sonnenberg, 97332 Volkach

Web: www.de.wikipedia.org

Tipp: Der Bamberger Hoforgelmacher Adam Philipp Schleich errichtete 1699 die Orgel in der Kreuzkapelle.

TIPP VOM WINZER

„SAUVIGNON BLANC KABINETT, CHARDONNAY KABINETT."

Weingut Nico Scholtens

www.weingut-scholtens.com

Plätze (innen/außen): 50/40

WO TROCKEN AUCH TROCKEN HEISST

WEINE

Alter Fränkischer Satz, Silvaner, Müller-Thurgau, Perle, Kerner, Riesling, Weißburgunder, Portugieser, Schwarzriesling, Spätburgunder, Regent.

KÜCHE

Kleine Karte warm und kalt; Spezialitäten: Kochkäse, Gerupfter, Käsefondue.

ANSCHRIFT

Rieneckstraße 6
97514 Fatschenbrunn
Tel.: 09529 326

ÖFFNUNGSZEITEN

Weinstube: Sa. ab 17 Uhr, So. und Feiertage ab 14 Uhr, Mo. bis Fr. geschlossen. Weinverkauf: Durchgehend geöffnet (nach tel. Anmeldung).

1947 entstand einer der besten Jahrgänge der Weingeschichte - und es ist das Geburtsjahr von Nico Scholtens, der in Apeldoorn in den Niederlanden das Licht der Welt erblickte. Damals dachte sicher noch keiner in der Familie an den Weinbau. Nico studierte erst Lehramt und wurde dann doch Musiker. Mit seinem Orchester kam er auch nach Deutschland, wo er seine Frau, die Künstlerstocher Salome Kuhn kennenlernte. Gemeinsam mit ihrer Familie zogen die beiden 1970 nach Franken, und der Schwiegervater schenkte ihm einen Weinberg. Doch was macht man damit? Nach eher missglückten Anfängen fuchste sich der kreative Kopf in den Weinbau ein, nahm weitere Weinflächen hinzu. 1984 folgte die Weinstube, 1993 ein neuer Weinkeller und weitere Rebflächen. Heute steht Nico Scholtens für absolut trocken ausgebaute Weine mit 0 Gramm Restzucker, einen naturnahen Anbau und sortenreine, vegane Weine. Den Besuch zum Erlebnis macht übrigens auch Nicos Ehefrau Salome, die mit ihrer Kunst das gesamte Anwesen zu einer echten Augenweide ziert.

Tretzendorf | 3,8 km

Erlebnispfad Tretzendorfer Weiher

Ausgangspunkt der Wanderung: Entlang des Aurachtal-Radweges sowie der St2276 zwischen Unterschleichach und Tretzendorf, ca. 2 km langer Rundweg

Web: www.oberaurach.de

Tipp: Hier finden zahlreiche Tier- und Pflanzenarten ein Zuhause. Ein Fernglas ist also von Vorteil.

Trabelsdorf | 12 km

Altes Kurhaus

Seeleite 1
96170 Lisberg/Trabelsdorf
Tel.: 09549 1247

Web: www.altes-kurhaus.de

Öffnungszeiten: siehe Website

Tipp: Die eigenen Bio-Karpfen-Variationen in Sichtweite zu den Weihern genießen zu können ist wohl einmalig in Franken.

TIPP VOM WINZER

„ADELFRÄNKISCH, VOGELFRÄNKISCH UND VIELE MEHR."

Weinbau Siegfried Flicker

www.weinbau-flicker.franken-regio.de **Plätze (innen/außen): 40/0**

WEINE

Müller-Thurgau, Riesling, Silvaner, Chardonnay, Spätburgunder, Schwarzriesling, Dornfelder.

KÜCHE

Mittelgroße Karte warm und kalt; Spezialitäten: Schupfnudeln mit Kraut

ANSCHRIFT

Eidelsgasse 5,
97896 Freudenberg-Rauenberg
Tel.: 09377 397 oder
0170 8637290

ÖFFNUNGSZEITEN

Weinverkauf: Nach tel. Absprache. Heckenwirtschaft: 10 Tage im Apr., 10 Tage im Okt. und 3 Tage im Nov., werktags ab 17 Uhr, So ab 12 Uhr, genaue Termine siehe Website.

SCHLEMMEN MIT BISCHOF UND HERRGOTT

Der Fokus liegt bei den Flickers vor allem auf dem Genuss. Dementsprechend stellen sie nicht nur ihren Wein, sondern auch die dazu gereichte Wurst und den Kochkäse selber her. Große Feinschmecker können sich außerdem mit Schupfnudeln, Flammkuchen und „Haspel mit Kraut" verwöhnen lassen. Hinter letzterem verbirgt sich die eher hessische Variante von Eisbein mit Kraut, die Sie hier in ihrer ursprünglichen Form genießen können. Die Weine, unter anderem Chardonnay, Blanc de Noir und Schwarzriesling, wachsen auf den Lagen „Hoher Herrgott" und „Bischofsberg" - der göttliche Segen ist also Winzer und Trinker gewiss.

Freudenberg | 5,8 km

Burg Freudenberg

Haaggasse 26
97896 Freudenberg
Tel.: 09375 920090

Web: www.freudenberg-main.de

Öffnungszeiten: Gruppenführungen auf Anfrage

Tipp: Seit 1987 werden im zwei Jahres Rhythmus auf der Burg die Burgfestspiele inszeniert.

Freudenberg | 6,3 km

Rauch-Zoo

Wendelin-Rauch-Str. 1
97896 Freudenberg
Tel.: 09375 810

Web: www.rauchmoebel.de

Öffnungszeiten: 01. Mai bis 30. Sep.: 9 bis 19:30 Uhr, 01. Okt. bis 30. Apr.: 9 bis 16:30 Uhr

Tipp: Zusätzlich können hier auch das Rauch-Museum und das Rauch-Einrichtungshaus besichtigt werden.

TIPP VOM WINZER

„DER BEKANNTE MÜLLER-THURGAU HALBTROCKEN."

Weingut & Hotel Meintzinger

www.weingut-meintzinger.de **Plätze (innen/außen): 0/0**

WEINE

Silvaner, Müller-Thurgau, Bacchus, Riesling, Traminer, Weißburgunder, Grauburgunder, Scheurebe, Blauer Silvaner, Acolon, Domina, Spätburgunder.

WEINFEST

Hoffest Weingut Meintzinger (im Mai), Sommerkino Weingut Meintzinger (im Jul).

ANSCHRIFT

Babenbergplatz 4,
97252 Frickenhausen am Main
Tel.: 09331 87110

ÖFFNUNGSZEITEN

Weingut: Mo. bis Fr. 8 bis 20 Uhr, Sa., So. und Feiertage 10 bis 18 Uhr.

WEIN HAT TIEFE WURZELN

Das ist die Basis der Philosophie im Weingut Meintzinger. Und so wie die Meintzingers den Wein vom Ursprung her denken, gehen sie auch an das Thema Gastlichkeit heran. In der imposanten Weinkellerei, die 1475 das Würzburger Domkapitel wie eine kleine Burganlage errichten ließ, befindet sich heute ein Wellness-Tempel für alle Sinne. Wein verkosten in der Hängematte, aromatische Reisen in spannender Innenarchitektur, die uns fast wie ein Wein-Taphouse anmutete, einfach schöne Stunden an einem märchenhaften Ort - man spürt den zweiten Grundsatz des Hauses: „Leidenschaft muss nicht laut sein". Ein Besuch hier ist in jeder Hinsicht außergewöhnlich, und Sie sollten ausreichend Zeit für Verkostung und Genuss einplanen, denn so oder so kommen Sie hier nicht so schnell wieder heraus ...

Ochsenfurt | 2,8 km

Stadtführung

Treffpunkt: Vor dem Neuen Rathaus am Marktplatz, Dauer: ca. 1,5 Stunden
Termin: Jeden Sa., So. und Feiertag 14 Uhr

Web: www.ochsenfurt.de

Tipp: Erwachsene 5,00 €/Kinder 2,50 €. Keine Anmeldung erforderlich.

Frickenhausen am Main | 450 m

Heckenwirtschaft Philipp Bauer

Uppentalstraße 35, 97252 Frickenhausen
Tel.: 09331 2999

Web: www.rsv-frickenhausen.de

Öffnungszeiten: siehe Website

Tipp: Gemälde des örtlichen Malers Schmauser verzieren die Räume, in denen sich auch Möbel aus dem 17. Jahrhundert befinden.

TIPP VOM WINZER

FRICKENHÄUSER BLAUER SILVANER KABINETT.

Weingut und Heckenwirtschaft Uwe Geßner

www.weingut-gessner.de **Plätze (innen/außen): 50/0**

WEINE

Silvaner, Müller-Thurgau, Bacchus, Kerner, Grauer Burgunder, Weißburgunder, Riesling, Domina, Schwarzriesling, Spätburgunder, Acolon, Zweigelt.

KÜCHE

Kleine Karte warm und kalt; Spezialitäten: Winzerschmaus.

WEINFEST

Silvanertag (1. Mai),
Hofschoppenfest (Chr. Himmelf.)
Pfingstschoppenfest (Pfingsten)
Rotweintage (14. und 15. Aug.).

ANSCHRIFT

Kirchsteig 2
97493 Garstadt am Main
Tel.: 09722 6131

ÖFFNUNGSZEITEN

Weinverkauf: Mo. bis Fr. 9 bis 18 Uhr, Sa 9 bis 16 Uhr.
Heckenwirtschaft: siehe Website

EINE MESSERSPITZE WAHNSINN

Das ist die geheime Zutat, die wohl schon zu Beginn der Geschichte des Weingutes Geßner für den schnellen Erfolg der Familie verantwortlich war. Denn „Ferd" Geßner startete 1981 mit viel Mut, Fleiß und 1,5 Hektar Rebfläche im Nebenerwerb ins Winzerleben. Kurz darauf kamen neue Flächen dazu, 1993 kaufte die Familie ein altes Gut und startete mit den beliebten Hofschoppenfesten. Heute bewirtschaftet mit Inge und Uwe die nächste Generation über 19 Hektar Reben und setzte mit dem Neubau 2010 auch architektonische Akzente. Mitten in Garstadt - in der Umgangssprache „Goarscht" - entstand so ein echtes Unikat, bei dem auch die Söhne Marco und Daniel bereits in den Startlöchern stehen.

Werneck | 6,3 km

Schloss und Schlosspark

Balthasar-Neumann-Platz, 97440 Werneck
Tel.: 09722 210

Web: www.schloss-werneck.de

Öffnungszeiten: auf Anfrage

Tipp: Schlossführung mit Gästeführerin Karin Stühler, Dauer ca. 2 Stunden. Treffpunkt: Oegg-Tor am Haupteingang.

Bergrheinfeld | 10 km

Wanderung im Vogelschutzgebiet Garstadt

Von Garstadt direkt nicht zu erreichen (auf der anderen Seite des Mains). Über Röthlein-Heidenfeld ansteuern.

Web: www.roethlein.de

Tipp: Die etwa eine Stunde dauernde Wanderrunde im Schutzgebiet ist sehr interessant. Je nach Wetter Schuhwerk anpassen.

TIPP VOM WINZER

VAGABUND, EIN ROTWEIN-CUVÉE, HALBTROCKEN.

Die Weinscheune / Weinbau Raimund Schäfer

www.weinscheune-schaefer.de **Plätze (innen/außen): 65/80**

WEINE

Bacchus, Silvaner, Weißburgunder, Portugieser, Müller-Thurgau, Rieslaner, Domina.

KÜCHE

Mittelgroße Karte kalt und warm; Spezialitäten: Wildschwein und Spanferkel vom Spieß.

WEINFEST

Weinfest (1. Wochenende im Juli), Sommerfest (4. Wochenende im Juli).

ANSCHRIFT

Kirchstraße 13
97500 Ebelsbach-Gleisenau
Tel.: 09522 950500

ÖFFNUNGSZEITEN

Weinverkauf: Jederzeit nach vorheriger Tel.ischer Anmeldung.
Weinscheune: Mi. bis Sa. ab 16 Uhr, So. und Feiertage ab 14 Uhr, Mo. und Di. Ruhetag.

WEIN & MEHR

Bei Raimund Schäfer in Ebelsbach stehen nicht nur die Trauben im Mittelpunkt. In der hauseigenen Brennerei destilliert er edle Brände und Geiste und kreiert feine Liköre, alles aus dem eigenen Obstbau. Der liefert auch die Rohstoffe für die Obstsäfte. Zwischen den Bäumen fließt ein kleiner Bach, in dessen Quellwasser der Winzer auch noch Forellen und Saiblinge züchtet. Sie sehen, hier könnte man Wochen verbringen und immer wieder neue Genüsse entdecken. Hinzu kommt noch die Philosophie des Hauses, naturnah zu arbeiten und die klassischen Anbauformen zu erhalten. Die Weinscheune eignet sich übrigens auch prima für Geburtstags- und Familienfeiern!

Zeil am Main | 6,8 km

Burgruine Schmachtenberg

97475 Zeil am Main

Web: *www.denkmal.zeil-am-main.de*

Tipp: Von der Mauer, der ehemaligen kleinen Zwingeranlage im Süden der Ruine, hat man einen wunderbaren Blick über das gesamte Maintal.

Zeil am Main | 7,3 km

Stadt- und Hexenführung

Treffpunkt der Führung: Marktplatz vor dem Rathaus, Dauer: ca. 1,5 Stunden

Web: www.zeil-am-main.de

Termine: siehe Website

Tipp: Erwachsene 1,50 € / Kinder 1,00 €, unter 6 Jahren kostenfrei.

TIPP VOM WINZER

BRÄNDE AUS EIGENER BRENNEREI.

Weingut-Weinkellerei LORENZKELLEREI mit Küferstube

www.lorenzkellerei.de **Plätze (innen/außen): 45/100**

WEINE

Silvaner, Riesling, Müller-Thurgau, Weißer Burgunder, Bacchus, Spätburgunder, Domina, Portugieser, St. Laurent, Merlot.

KÜCHE

Mittelgroße Karte warm und kalt; Spezialitäten: Wurstsalat, Kochkäse, Bratwürste, Flammkuchen.

ANSCHRIFT

Röllfelder Straße 20
63920 Großheubach
Tel.: 09371 3204

ÖFFNUNGSZEITEN

Weinverkauf: Mo. bis Fr. 10 bis 18 Uhr, Sa. 10 bis 14 Uhr.
Küferstube: Im Mär., Jul. und Okt. (genaue Zeiten siehe Website), täglich ab 11.30 Uhr.

GOETHES LIEBLINGSSPEISE

Schon zu Lebzeiten des Dichterfürsten begannen die Vorfahren von Lothar Straub mit ihrem Weinbau. Sieben Generationen später kann der gelernte Weinküfer und studierte Weinbau- und Getränketechnologe auf eine über 200-jährige Erfolgsgeschichte zurückblicken. Er selbst übernahm das Weingut 1997 und setzt auf Handlese und lange Rotweinlagerung in Eichenholzfässern. Die Qualität überzeugt Kunden aus der ganzen Welt, selbst in Japan und den USA trinkt man die Tropfen aus der Lorenzkellerei. Jedes Jahr im März, Juli und November wird das Weingut zur Heckenwirtschaft und bietet neben den Weinen vor allem auch Uriges aus der Küche: Käsesuppe, verschiedene Flammkuchen und Goethes Leibspeise „Grüne Soße" stehen neben Brotzeiten auf dem Programm.

Großheubach | 650 m

Restaurant Gasthaus Zur Krone

Miltenberger Straße 1, 63920 Großheubach
Tel.: 09371 2663

Web: www.gasthauskrone.de

Öffnungszeiten: siehe Website

Tipp: Freuen Sie sich auf leckere Wildgerichte und schmackhafte, saisonale Speisen.

Miltenberg | 4,5 km

Kulinarische Führung

Treffpunkt: Tourist-Information am Engelplatz, Miltenberg, Dauer: ca. 2 Std.

Web: www.stadtfuehrung-miltenberg.de

Tipp: Lassen Sie sich bei einer gemütlichen Tour durch die Altstadt neben Geschichte und Geschichten regionale erlesene Produkte schmecken. Anmeldung ab 10 Personen.

TIPP VOM WINZER

SILVANER, SPÄTBURGUNDER UND DOMINA.

Der Patrizierhof - Gasthof Hotel Weingut

www.der-patrizierhof.de **Plätze (innen/außen): 164/70**

WEINE

Silvaner, Bacchus, Müller-Thurgau, Sauvignon Blanc, Schwarzriesling, Blaufränkisch, Domina, Spätburgunder.

KÜCHE

Kleine Karte warm und kalt; Spezialitäten: saisonal ausgerichtete, wechselnde Speisekarte

WEINFEST

Wein | See | Lig (Mitte Jul.).

ANSCHRIFT

Hauptstraße 71
97320 Großlangheim
Tel.: 09325 262

ÖFFNUNGSZEITEN

Weinverkauf: Täglich 8 bis 19 Uhr, am besten mit Voranmeldung.
Restaurant: Mi. bis Sa. 12 bis 14 Uhr und 18 bis 21.30 Uhr, So. und Feiertage: 11 bis 14 Uhr und 17 bis 21 Uhr, Mo. und Di. geschlossen.

TRADITION UND MODERNE

Seit gut 150 Jahren arbeitet die Familie Grebner im Wein, doch erst 1987 stellte Günter den Betrieb auf eine Vollerwerbswinzerei um. 1993 ergab sich die Gelegenheit, den heutigen Patrizierhof zu kaufen, der damals ein echter Sanierungsfall war. Zwölf Monate intensiver Renovierungsarbeiten später bauten die Grebners hier ihren ersten Wein aus, und der Hof erhielt seinen Namen. 1997 wurde aus der Heckenwirtschaft ein echter Weingasthof, drei Jahre später folgte das Hotel. Mittlerweile ist auch Sohn Björn in das Unternehmen eingestiegen und verantwortet als Weinbau-Techniker die Kellerarbeit. Seine Devise ist: „So schonend wie möglich". Also verbringt er viel Zeit im Weinberg, um den Trauben die besten natürlichen Bedingungen bieten zu können, und setzt dann im Keller sanft seine Unterschrift unter jeden Tropfen. Dabei entsteht auch eine besondere Linie an Weinen und Sekten, die nach Johann Cuntzmann, der 1482 den Patrizierhof erbauen ließ, benannt ist.

Großlangheim | 25 m

Weinerlebnisweg

Ausgangspunkt der Wanderung:
Winzerbrünnle (Ortsmitte)
Tel.: 09325 97320

Web: www.grosslangheim.de

Tipp: Der Weg führt zur Hardthütte, von der man einen herrlichen Panoramablick vom Schwanberg übers Maintal genießen kann.

Kitzingen | 7 km

Gartenschaugelände

97318 Kitzingen

Web: www.gartenschaugelaende-kitzingen.de

Veranstaltungstermine: siehe Website

Tipp: Durch den Park führt der MainRadweg. Parkplätze und Gastronomie direkt in der Nähe, Eintritt frei.

TIPP VOM WINZER

„SILVANER IN VERSCHIEDENEN FACETTEN."

Weingut Giegerich

www.weingut-giegerich.de **Plätze (innen/außen): 5/130**

WEINE

Silvaner, Weißer Burgunder, Sauvignon Blanc, Riesling, Müller-Thurgau, Frühburgunder, Chardonnay, Bacchus, Spätburgunder.

KÜCHE

Kleine Karte warm und kalt; Spezialitäten: Spinatknödel, überbackener Hirtenkäse

WEINFEST

Weinberghüttenfest inmitten des Weinbergs „Lützeltal" (4. WE im Jul).

ANSCHRIFT

Weichgasse 19
63868 Großwallstadt
Tel.: 06022 655355

ÖFFNUNGSZEITEN

Weinverkauf: Di. bis Fr. 10 bis 12 Uhr und 14 bis 18 Uhr, Sa. 9 bis 13 Uhr. Häckerwirtschaft: genaue Termine siehe Website.

NACHHALTIG. RICHTIG. GUT.

Helga und Klaus Giegerich sind in vielerlei Hinsicht gesegnet: Da ist einerseits die hervorragende Vorarbeit der vorigen Generationen, andererseits verfügt die Familie über ergiebige Weinberge an den südlichen Hängen des Maintals - und außerdem haben sie zwei Söhne, die die Familientradition gerne fortführen wollen. Der ältere, Kilian, absolvierte seine Ausbildung als Bester in Bayern und kümmert sich vor allem um die Rotweine der Giegerichs. Philipp, der jüngere, erhielt vor kurzem eine Ehrung als bester Jungwinzer in Bayern. Diese klare, ausschließlich auf Qualität abzielende Linie werden Sie auch in den verschiedenen Weinen des Gutes feststellen, die sie in drei Kategorien einteilen: „Frisch und Fruchtig" (für den täglichen Genuss), „Terra" (erkennbar vom Boden geprägt) und „Carus" (Spitzenweine mit Reifepotential). Nicht umsonst sind die Giegerichs eine feste Bank bei den Empfehlungen der einschlägigen Branchenführer.

Rück | 9,5 km

Besinnungsweg

Ausgangspunkt der Wanderung: Elsenfeld-Schippach, Kirche St. Pius
Länge: ca. 5 km, Dauer: 2-3 Stunden.

Web: *www.rueck-besinnungsweg.de*

Tipp: Künstler haben entlang des Weges Kunstwerke gestaltet, welche die Werte Friede, Mut, Hoffnung, Gelassenheit, Achtsamkeit, Dankbarkeit und Gemeinschaft aufgreifen.

Elsenfeld | 10,7 km

Weinprobe im Kloster Himmeltal

Kloster Himmelthal 1, 63820 Elsenfeld

Web: www.elsenfeld.de

Öffnungszeiten: Termine siehe Website

Tipp: Bestens an das Wanderwege- und Radwegenetz angeschlossen und mit selbst erzeugten Weinen und kulinarischen Schmankerln ein lohnendes Ausflugsziel.

TIPP VOM WINZER

„MÜLLER-THURGAU AUS DER LINIE „FRANK & FREI".“

Bioweingut Harald Gunther

www.weingutgunther.de

Plätze (innen/außen): 80/150

WEINE

Müller-Thurgau, Silvaner, Riesling, Weißburgunder, Bacchus, Sauvignon blanc, Spätburgunder, Frühburgunder, Portugieser, Domina, Dornfelder, Cabernet Sauvignon, Regent.

KÜCHE

Kleine Karte warm und kalt; Spezialitäten: Reibekuchen mit Räucherlachs

WEINFEST

Flammkuchen + Wein (im Weingut, Ende Apr.).

ANSCHRIFT

Flurbereinigungsweg 1
63868 Großwallstadt
Tel.: 06022 2631852

ÖFFNUNGSZEITEN

Weinverkauf: Di. und Do. 10 bis 12 Uhr und 14 bis 18 Uhr, Mi. und Fr. 14 bis 18 Uhr, Sa 9. bis 13 Uhr oder nach tel. Vereinbarung.
Häckerwirtschaft: Siehe Website.

WEINIDYLLE LÜTZELTAL

Der Flurbereinigungsweg zweigt von einer großen Hauptstraße ab, und der Gast erwartet vielleicht eher ein Industriegebiet als ein echtes Weinparadies. Doch schon das Weingut selbst ist eine Augenweide. Erst 2004 entstanden, fühlt es sich so an, als wäre es schon immer da gewesen. Den eigenen Weinbau betreibt die Familie schon seit 1974, doch erst 1992, mit der Winzerlehre des heutigen Inhabers Harald, traute sich sein Vater Erich, die Mitgliedschaft in der Genossenschaft aufzukündigen, seit 2013 ist alles bio. Fährt man vom Gut immer geradeaus in Richtung Wald, startet dort ein kleiner Wanderweg, der hinauf zu einer paradiesischen Insel in den Bäumen führt. An einem steilen Hang liegt hier verborgen das Lützeltal beziehungsweise die gleichnamige Weinlage. Für Wanderer und Weinfreunde gleichermaßen ein echtes Erlebnis!

Niedernberg | 3,5 km

Honisch Beach/Badesee

Leerweg, 63843 Niedernberg
Tel.: 06028 97440

Web: www.seen.de/honisch-beach

Tipp: Direkt am Badesee ist die BBQ BAR Gourmetgrill & Cocktails, mit gehobener Küche, Steaks vom Grill und Cocktails.

Kleinwallstadt | 3,8 km

Heckenwirtschaft Eckhard Becker

Jahnstraße 40, 63839 Kleinwallstadt
Tel.: 06022 23674

Web: www.vesperstuben.de

Öffnungszeiten: auf Anfrage

Tipp: Vespern und regionalen Wein genießen, das kann man hervorragend während der Häckerzeiten.

TIPP VOM WINZER

„SPÄTBURGUNDER, WEISSBURGUNDER, SILVANER."

Müller! Das Weingut und Weinhotel

www.weingut-weinhotel-mueller.de **Plätze (innen/außen): 90/60**

WEINE

Silvaner, Müller-Thurgau, Bacchus, Weißer Burgunder, Merzling, Kerner, Sauvignon Blanc, Spätburgunder, Dornfelder, Domina, Regent.

KÜCHE

Kleine Karte warm und kalt; Spezialitäten: Winzerburger, Wildschweinbratwürste

WEINFEST

Eigenes Hofschoppenfest (Christi Himmelfahrt)

ANSCHRIFT

Am Marktplatz 12
97762 Hammelburg
Tel.: 09732 78770

ÖFFNUNGSZEITEN

Vinothek: Mi. bis Mo. 8 bis 14 Uhr und 17 bis 21 Uhr oder nach Vereinbarung, Di. geschlossen.
Gastro: Mi bis Mo 11 bis 14 Uhr und 17 bis 21 Uhr, Di. geschlossen.

EINMAL UM DIE GANZE WELT

Die Müllers haben dank der Geschichte Bad Kissingens schon so manch illustre Gäste aus aller Herren Länder begrüßen dürfen, doch bei ihrem Sohn Florian haben sie den Spieß umgedreht. Er ging zur Ausbildung in die weite Welt und gelangte dabei bis nach Neuseeland, wo er die Weinkultur auf der anderen Seite des Planeten schätzen und lieben lernte. Wieder zurück im elterlichen Betrieb floss so manche Erfahrung in das unterfränkische Weingut ein. Gemeinsam mit seinen Eltern und Schwester Antonia, die sich um den Hotelbetrieb kümmert, heimste der fleißige Florian schon zahlreiche Preise und Prämierungen ein. Auf Ihrer Verkostungsliste sollte unbedingt der fruchtige Merzling stehen, eine seltene Traube, die aus einer Kreuzung von Seyve-Villard, Riesling und Ruländer entstanden ist.

Hammelburg | 53 m

Bio Weingut Lange - Schloss Saaleck

Am Marktpl. 1, 97762 Hammelburg
Tel.: 09732 7887450

Web: www.weingut-schloss-saaleck.de

Öffnungszeiten: siehe Website

Tipp: Philosophie und Geschichte sind einmalig - unbedingt auf der Website nachlesen.

Elfershausen | 8 km

Burgruine Trimburg

Burgstraße, 97725 Elfershausen

Web: www.trimburg.com

Öffnungszeiten: Termine siehe Website

Tipp: Genießen Sie die Atmosphäre der alten Burgmauern bei einer Veranstaltung oder an Sonn- und Feiertagen von Mai bis Oktober.

TIPP VOM WINZER

SILVANER SPÄTLESE ADHOC (SPONTAN VERGOREN).

Weingut Baumann und Forellenhof

www.weingut-baumann.de **Plätze (innen/außen): 100/50**

WEINE

Silvaner, Müller-Thurgau, Kerner, Riesling, Weißburgunder, Grauburgunder, Bacchus, Pinotin, Dornfelder, Domina, Spätburgunder, Sauvignon Blanc.

KÜCHE

Mittelgroße Karte warm und kalt; Spezialitäten: Fisch in verschiedensten Variationen

WEINFEST

Bremserfeste in der Scheune (letztes WE im Sep. und 1. WE im Okt.).

ANSCHRIFT

Handthal 30,
97516 Oberschwarzach
Tel.: 09382 1341

ÖFFNUNGSZEITEN

Weingut: Mo. bis Fr. 8 bis 12 Uhr 13 bis 18 Uhr.
Gasthof Forellenhof: Di. bis So. ab 11 Uhr, durchgehend warme Küche, Mo. Ruhetag.

WALD, WEIN, FISCH

Das ist die Trilogie bei Baumanns im wunderschönen Handthal. Denn neben ihrem Weingut, dessen Reben entlang weitläufiger Waldränder stehen, betreibt die Familie auch eine Forellenzucht. Die fangfrischen Fische schmecken hervorragend zum Wein - und so können Sie hier neue Dimensionen des so genannten Food Pairings genießen. Mama Barbara ist zudem Weinerlebnis-Führerin und lässt sich viele spannende Wege einfallen, um ihren Gästen den Weingenuss näher zu bringen. Einmal im Jahr lädt sie außerdem zum Weinkochkurs, dann wird der Wein nicht nur beim Kochen getrunken, sondern auch für die Zubereitung der vielen Spezialitäten genutzt.

Handthal | 300 m

Weingasthaus Schoppenstübla

Handthal 7, 97516 Oberschwarzach
Tel.: 09382 8976

Web: www.weingasthof-schoppenstuebla.de

Öffnungszeiten: siehe Website

Tipp: Bei schönem Wetter empfiehlt sich, von der Terrasse das Dammwild zu beobachten.

Ebrach | 4,5 km

Baumwipfelpfad Steigerwald

Radstein 2, 96157 Ebrach
Tel.: 09553 98980102

Web: www.baumwipfelpfadsteigerwald.de

Öffnungszeiten: Täglich 9 bis 18 Uhr

Tipp: Betriebsfest, Geburtstagsfeier oder Jubiläum? Auf Anfrage ist für Gruppen viel möglich.

TIPP VOM WINZER

JUNGER, FRISCHER WEISSBURGUNDER „BLINKER".

Restaurant Weinstube zur Stollburg

www.stollburg-handthal.de

Plätze (innen/außen): 90/100

WEINE

Silvaner, Müller-Thurgau,Riesling.

KÜCHE

Kleine Karte warm und kalt; Spezialitäten: Flammkuchen, frische Saiblinge und Lachsforellenfilets, heimisches Wild.

ANSCHRIFT

Handthal 50
97516 Oberschwarzach
Tel.: 09382 9930895

ÖFFNUNGSZEITEN

Weinverkauf: Weine können im Restaurant mit Kärtchen bestellt werden und werden dann vom Hofkeller in Würzburg direkt zum Kunden geliefert.
Restaurant: Fr. bis Mo. 11.30 bis 20.30 Uhr.

MINNE UND WEIN

Ein Ausflug „zur Stollburg" gehört seit Jahrzehnten zum Standardprogramm der weinverliebten Franken. Schließlich kann man hier perfekt den Genuss mit einer Wanderung im höchsten Weinberg Frankens verbinden. Der Namensgeber der kleinen Gaststätte, die Ruine Stollburg, ist ein imposanter Bau und gilt zudem als Geburtsort von Walter von der Vogelweide. Den Minnesang entdecken die Weinfreunde spätestens nach dem Verkosten der verschiedenen Weine, die hier vor allem aus dem Staatlichen Hofkeller in Würzburg kommen, der sich um viele weit verteilte Weinlagen in Franken kümmert. Freuen Sie sich also auf gute Weine, eine wundervolle Aussicht und jede Menge Inspiration mit kreativen Gedanken.

Stollbergerforst | 300 m

Ruine Stollburg

97513 Stollbergerforst

Öffnungszeiten: immer geöffnet

Tipp: Der kleine Verdauungsspaziergang vom Restaurant aus lohnt sich.

Handthal | 1,5 km

Steigerwald Zentrum

Handthal 56, 97516 Oberschwarzach
Tel.: 09382 319980

Web: www.steigerwald-zentrum.de

Öffnungszeiten: siehe Website

Tipp: Das Spielgelände lädt Groß und Klein ein, sich aktiv mit dem Thema Vernetzung von Lebensräumen und dem Gleichgewicht in der Natur zu befassen.

TIPP VOM WINZER

„DIE WEINE VOM STAATL. HOFKELLER IN WÜRZBURG."

Weingut Alfred Blank

www.weingut-blank.de

Plätze (innen/außen): 40/45

WEINE

Silvaner, Riesling, Müller-Thurgau, Alter Satz, Spätburgunder, Domina, Blauburger.

KÜCHE

Kleine Karte warm und kalt; Spezialitäten: versch. Flammkuchen.

WEINFEST

Homburger Weinfest (letztes WE im Jul. und erstes WE im Aug.).

ANSCHRIFT

Maintalstraße 33
97855 Homburg
Tel.: 09395 99319

ÖFFNUNGSZEITEN

Weinverkauf: Mi. 15 bis 19 Uhr, Fr. 14 bis 19 Uhr, Sa. 9 bis 17 Uhr oder nach Vereinbarung. Heckenwirtschaft: Ende Mär./Anfang Apr. und Ende Aug./Anfang Sep. jeweils für 4 Wochen: Do. bis Sa. ab 17 Uhr, So ab 15 Uhr.

DAS WEINERLEBNIS

Der kleine Vierseithof der Blanks bietet erst seit 1995 seine Weine an und ist seitdem ein Hort der kleinen, aber feinen Winzerkunst. Denn es werden alle Trauben von Hand gelesen und verarbeitet und keine fremden Früchte zugekauft. Aus dem Trester brennt Alfred Blank außerdem noch einen sehr feinen Tresterbrand, den Sie bei Ihrem Besuch ebenfalls unbedingt verkosten sollten. Damit das auch für Autofahrer möglich ist, haben Alfred und seine Frau Angelika eine Ferienwohnung und zwei Doppelzimmer eingebaut, die für den geplanten oder spontanen „Notfall" zur Vefügung stehen, wenn sie nicht schon ausgebucht sind. Denn der Urlaub im Weingut wird immer beliebter und das Rundum-Sorglos-Paket mit Weinbergswanderungen, Verkostungen und der Möglichkeit, dem Winzer mindestens über die Schulter schauen zu können, ist für viele Familien eine willkommene Abwechslung zum touristischen Kreuzfahrt-Einerlei.

Lengfurt | 4,5 km

Camping im Fass

Camping Main-Spessart Park
Spessartstraße 30
97855 Triefenstein/Lengfurt
Tel.: 09395 1079

Web: www.camping-main-spessart.de

Tipp: Jedes Jahr werden zahlreiche Aktionen und Attraktionen auf dem Campingplatz geboten. Infos auf der Website.

Homburg am Main | 800 m

Schloss Homburg am Main

Schloßplatz 3, 97855 Triefenstein

Web: www.tourismus-triefenstein.de

Tipp: Weitere Anlaufstellen für Kunst und Kultur: Papiermühle Homburg, Burkhardus-Gruft.

TIPP VOM WINZER

DIE FRÄNKISCHEN KLASSIKER: SILVANER & CO.

Weingut Zehntkeller

www.zehntkeller.de

Plätze (innen/außen): 145/75

WEINE

Silvaner, Müller-Thurgau, Bacchus, Riesling, Scheurebe, Weißer Burgunder, Chardonnay, Kerner, Grauer Burgunder, Sauvignon blanc, Dornfelder, Spätburgunder, Blaufränkisch, Merlot, Cabernet Sauvignon, Dunkelfelder.

KÜCHE

Kleine Karte warm und kalt; Spezialitäten: Saisonale Küche

WEINFEST

Iphöfer Weinfest (2. WE im Jul.).

ANSCHRIFT

Bahnhofstraße 12, 97346 Iphofen
Tel.: 09323 8440

ÖFFNUNGSZEITEN

Weinverkauf: Tägl. 6 bis 24 Uhr.
Restaurant: Tägl. 12 bis 22.30 Uhr (Speisekarte: 12 bis 14 Uhr und 18 bis 21.30 Uhr, Vesperkarte: 14 bis 18 Uhr und 21.30 bis 22.30 Uhr).

ELEGANT UND BEKÖMMLICH

So lautet die Weinphilosophie von Kellermeister Josef Schneider, der für die vielfältigen Weine des Zehntkellers verantwortlich zeichnet. 2009 entschied sich der Betrieb zur Umstellung auf rein biologischen Weinbau, und schon 2012 konnten die ersten Weine mit dem neuen Siegel in den Regalen stehen. Die Geschichte bringt Ihnen der Kellermeister mit viel Herzblut bei der Führung durch sein Reich näher. Die Gewölbekeller erstrecken sich über drei Stockwerke - ein einmaliges Erlebnis. Natürlich dürfen Sie die guten Tropfen dabei auch probieren, auf Wunsch anschließend im zugehörigen Romantik-Hotel mit einer feinen Speise kombinieren und danach auch noch im Himmelbett von der Weinlese träumen. Am Morgen danach empfehlen wir den ebenfalls im Haus nach dem Champagner-Verfahren gekelterten Winzer-Sekt, mit dem Sie perfekt in den Tag starten können.

Iphofen | 500 m

Knauf-Museum

Am Marktplatz, 97343 Iphofen
Tel.: 09323 31528

Web: www.knauf-museum.de

Öffnungszeiten: Di. bis Sa. 10 bis 17 Uhr, So. 11 bis 17 Uhr, Mo. geschlossen

Tipp: Die Dauerausstellung der Reliefsammlung der großen Kulturepochen ist sehr sehenswert, wie auch die wechselnden Sonderausstellungen.

Mönchsondheim | 5,1 km

Kirchenburgmuseum

An der Kirchenburg 5, 97346 Iphofen
Tel.: 09326 1224

Web: www.kirchenburgmuseum.de

Öffnungszeiten: siehe Website

Tipp: Der Bocksbeutel-Express 1 bringt Sie vom 1. Mai bis 1. November an Samstagen, Sonn- und Feiertagen kostenlos nach Mönchsondheim. Mehr siehe www.vgn.de

TIPP VOM WINZER

IPHÖFER KRONSBERG CHARDONNAY SPÄTLESE „SZ" TROCKEN.

Bio Bausewein – Weingut & Hotel

www.weingut-bausewein.de **Plätze (innen/außen): 40/0**

WEINE

Silvaner, Scheurebe, Müller-Thurgau, Bacchus, Kerner, Spätburgunder, Regent.

KÜCHE

Kleine Karte warm und kalt; Spezialitäten: Iphöfer Krautswurst mit Bratkartoffeln

WEINFEST

Winzerfest Iphofen (2. WE im Jul.).

ANSCHRIFT

Breite Gasse 1, 97346 Iphofen
Tel.: 09323 876670

ÖFFNUNGSZEITEN

Weinverkauf: Tägl. 8 bis 14 Uhr, Sa., So. und Feiertage 8 bis 12 Uhr, oder nach Vereinbarung. Weinstube: Sep. bis Mai: Mo., Di. und Fr. 18 bis 22 Uhr, So. und Feiertage 10 bis 12.30 Uhr und 17 bis 22 Uhr, Sa. nur für Gruppen und wechselnde Veranstaltungen, Mi und Do Ruhetag (auch an Feiertagen).

SOWAS VON BIO

Schon Ende der 1980er Jahre setzte Karl Josef Bausewein auf den ökologischen Anbau und übernahm auch die Vermarktung seiner gut 5 Hektar Weinbergsflächen selbst. Der Winzermeister lässt so seit Jahrzehnten Gräser und Kräuter zwischen seinen Reben wachsen und verzichtet auf die chemische Keule. Unterstützt wird er dabei von den vielen Nützlingen, die diese Art des Anbaus mit sich bringt und so viele Krankheiten gar nicht erst entstehen lässt. Trotzdem bedeutet „Bio" wesentlich mehr Arbeit, weil der Winzer fast jederzeit alle seine Reben im Blick haben muss, um Fehlentwicklungen oder Befall schnellstmöglich durch Entfernen der Triebe bekämpfen zu können. Mittlerweile führt Tochter Sabrina mit ihrem Mann Matthias den Betrieb und die beiden haben ein kleines Weinhotel mit zehn Zimmern angebaut. Auch hier gibt es alles „Bio" - und jede Menge Weinvergnügen bei den Verkostungen und geführten Weinbergswanderungen.

Iphofen | 300 m

99er Kulinarium

Pfarrgasse 18, 97346 Iphofen
Tel.: 09323 804488

Web: www.99er-kulinarium.de

Öffnungszeiten: Täglich 11 bis 14 und 17 bis 23 Uhr, Mo. Ruhetag

Tipp: Regelmäßige und wechselnde Veranstaltungen finden Sie auf der Website unter der Rubrik VORGEMERKT!

Castell | 9,7 km

Wanderung Traumrunde

Ausgangspunkt der Wanderung: Ortsausgang Castell, Richtung Greuth, Länge: 12,3 km, Dauer: ca. 4 Stunden

Web: www.fraenkisches-weinland.de

Tipp: Die Wanderung führt durch die Weinberge, hinauf auf ein Hochplateau und zu malerischen Burgruinen.

TIPP VOM WINZER

„SILVANER FASS NO. 1 UND ROTLING."

Weingut Ernst Popp

www.weingut-popp.de **Plätze (innen/außen): 40/0 (Vinothek)**

GROSSES WEIN-KINO

Was vor vier Generationen als kleiner Mischbetrieb begann, beläuft sich heute auf über 40 Hektar Rebfläche rund um den Schwanberg. Dabei sah es in den Tagen des Zweiten Weltkrieges zwischenzeitlich einmal nicht gut aus für den Betrieb. Die fehlenden Arbeitskräfte und das Wüten der Reblaus brachten den Weinbau nahezu zum Erliegen. Doch die Familie packte an und schaffte im folgenden Jahrzehnt einen großen Aufschwung. Die Brüder Ernst und Michael trennten Gasthof und Weingut, das in einen Neubau in der Rödelseer Straße umsiedelte. Ernst und seine Nachkommen erweiterten das Anwesen in den folgenden Jahrzehnten, 1999 kamen der weithin sichtbare Turm für die Unterbringung der Hausgäste und die Weinproben hinzu. Heute führt Maria Popp als Chefin und gute Seele das Weingut und wird von ihren beiden Söhnen Ernst und Johannes tatkräftig unterstützt.

WEINE

Silvaner, Riesling, Grauburgunder, Weißburgunder, Scheurebe, Bacchus, Gelber Muskateller, Gewürztraminer, Müller-Thurgau, Domina, Spätburgunder, Acolon.

WEINFEST

Hoffest (3. WE im Jun.).

ANSCHRIFT

Rödelseer Straße 14-15
97346 Iphofen
Tel.: 09323 3371

ÖFFNUNGSZEITEN

Weinverkauf: Mo. bis Fr. 8 bis 18 Uhr, Sa. 10 bis 18 Uhr, So. und Feiertage 10 bis 12.30 Uhr.

Iphofen | 650 m

Gasthof & Hotel Goldene Krone

Marktplatz 2, 97346 Iphofen
Tel.: 09323 87240

Web: www.gasthof-krone-iphofen.de

Öffnungszeiten: siehe Website

Tipp: Uriges Ambiente drinnen, ein sonniges Plätzchen im Freien, Gerichte vom Besten, was die Fränkische Küche zu bieten hat, dazu Frankenwein aus eigenem Anbau - da ist Genuss garantiert.

Markt Einersheim | 6,6 km

Burgruine Speckfeld

Neubauhof 1, 97348 Markt Einersheim

Web: www.burgen.blaue-tomaten.de

Tipp: Eine sehr romantische Burgruine, tief im Wald versteckt. So findet man hier auch mal etwas Ruhe, fernab der Zivilisation.

TIPP VOM WINZER

IPHÖFER KALB SILVANER KABINETT TROCKEN.

Weingut Hans Wirsching KG

www.wirsching.de **Plätze (innen/außen): 120/0**

16 GENERATIONEN WINZER

Schon seit 1630 bewirtschaftet die Familie Wirsching ihre Weinberge und hat sich alleine dadurch schon eine hervorragende Expertise erworben. Insbesondere beim Klassiker Silvaner und dem „König der Weißweine", dem Riesling, macht ihnen so schnell niemand etwas vor. Das sehen Sie auch an den zahlreichen Preisen und Prämierungen, die das Weingut bereits erhalten hat - und das zu großen Teilen auch im Ausland! Bei einer anderen Rebe gehörte die Familie sogar zu den Vorreitern: Bereits 1952 pflanzte Hans Wirsching auf dem Kronberg eine der ersten Scheurebe-Pflanzen Frankens. Seitdem haben sich die Wirschings auch bei dieser Sorte einen anerkannten Expertenstatus erarbeitet. Als „Winzerin des Jahres 2018" hat sich Andrea Wirsching, die das Gut heute mit ihrem Vater und ihren beiden Schwestern betreibt, mittlerweile zusätzlich im Bereich der Rotweine etabliert. Sie sehen - hier sind Sie immer richtig ...

WEINE

Silvaner, Riesling, Scheurebe, Weißburgunder, Grauburgunder, Chardonnay, Bacchus, Müller-Thurgau, Spätburgunder, Dornfelder, Portugieser.

WEINFEST

Nacht der Großen Gewächse (Anfang Jul.), Happy Wine Hour (in Mai und im Sep.), Iphöfer Winzerfest (Anfang Jul.).

ANSCHRIFT

Ludwigstraße 16, 97346 Iphofen
Tel.: 09323 87330

ÖFFNUNGSZEITEN

Vinothek und Weinverkauf: Mo. bis Fr. 8 bis 18 Uhr, Sa. 9 bis 18 Uhr, So. und Feiertage 10 bis 12.30 Uhr.

Iphofen | 170 m

Restaurant Zur Iphöfer Kammer

Marktplatz 24, 97346 Iphofen
Tel.: 09323 8772677

Web: www.kammer-iphofen.com

Öffnungszeiten: Mi. bis Sa. ab 18 Uhr; So. 11:30 bis 15 Uhr; Mo. & Di. Ruhetag

Tipp: Regionalküche – saisonbezogen, dazu ausgesuchte Weine aus dem Weingut Wirsching.

Mönchsondheim | 5,3 km

Radtour Kirchenburgtour

Von Mönchsondheim bis Markt Einersheim: Die Vielzahl der Kirchenburgen entdecken. Länge: 50 km, Dauer: 4:15 Std.

Web: www.kitzinger-land.de

Tipp: In Hüttenheim ist die größte erhaltene Gadenkirchenburg.

TIPP VOM WINZER

„IPHÖFER JULIUS-ECHTER-BERG SILVANER TROCKEN."

Weingut Wellmann

www.weinbau-wellmann.de

Plätze (innen/außen): 60/30

WEINE

Müller-Thurgau, Silvaner, Bacchus, Kerner, Riesling, Traminer, Weißburgunder, Faberrebe, Spätburgunder, Dornfelder, Domina.

KÜCHE

Kleine Karte warm und kalt; Spezialitäten: Käsesalat, Käseteller.

WEINFEST

Weinfest „rund ums Schloß" in Ippesheim (3. volles WE im Jul.), eigenes Hoffest (2. So. im Sep.).

ANSCHRIFT

Weinlaubengasse 11
97258 Ippesheim
Tel.: 09339 1014

ÖFFNUNGSZEITEN

Weingut: Mo. bis Sa. nach Tel. ischer Vereinbarung.
Weinstube: Siehe Website, für Busse, Vereine etc. nach vorheriger Vereinbarung.

VINUS FABER

Bianca Kilians Großvater Johann Wellmann gründete das Weingut einst als Mischbetrieb mit zugehöriger Landwirtschaft. Ihr Vater Karl-Heinz beschloss 1991, sich auf den Weinbau zu konzentrieren. Gemeinsam mit seiner Frau Irma entwickelte er die Philosophie von ausgereiften Weinen, die jeden Jahrgang mit einem individuellen Geschmack in die Flasche bringen sollten. Mittlerweile bringt die gelernte Winzerin und studierte Oenologin Bianca viel frischen Wind in das Unternehmen und das Sortiment, tatkräftig unterstützt von Schwester Ramona, die allerdings im Hauptberuf als Kauffrau unterwegs ist. Karl-Heinz hatte einst auf die eher unbekannte und von vielen unterschätzte Faberrebe gesetzt, die feine Weißweine mit einer Muskatnote hervorbringt. Heute zahlt sich diese Investition aus, und das Weingut gilt als eines der besten bei dieser Rebsorte. Besonders die Spätlesen werden zuverlässig jedes Jahr prämiert.

Ippesheim | 3,5 km

Weinparadiesscheune

Weinparadiesscheune 1, 97258 Ippesheim
Tel.: 09339 989680

Web: www.weinparadies-scheune.de

Öffnungszeiten: siehe Website

Tipp: Machen Sie Station nach einem ausgedehnten Spaziergang oder einer strammen Wanderung durch sonnenverwöhnte Weinhänge.

Uffenheim | 7,7 km

Stadtführung Uffenheim

Treffpunkt: Schlossplatz,
97215 Uffenheim

Web: www.uffenheim.de

Termine: Apr. bis Okt., jeden 1. So. im Mon.

Tipp: Es ist keine Anmeldung erforderlich. Nach Absprache sind Führungen auch zu anderen Zeiten möglich.

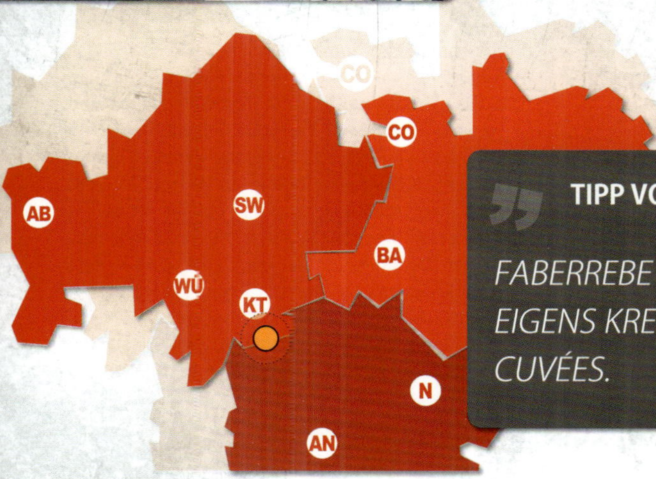

TIPP VOM WINZER

FABERREBE ODER EIGENS KREIERTE CUVÉES.

Winzerhof Engel

www.winzerhof-engel.de **Plätze (innen/außen): 70/80**

WEINE

Silvaner, Bacchus, Müller-Thurgau, Kerner, Riesling, Grauburgunder, Regent, Dornfelder.

KÜCHE

Kleine Karte warm und kalt; Spezialitäten: Eisbein in Aspik.

WEINFEST

Grill-WE (Ende Mai oder Anfang Jun. - genauer Termin siehe Website).

ANSCHRIFT

Bahnhofstraße 4, 91472 Ipsheim
Tel.: 09846 257

ÖFFNUNGSZEITEN

Weinverkauf: Mo. bis So. 8 bis 20 Uhr oder nach tel. Vereinbarung. Häckerstube: Sa., So. und Feiertage 14 bis 23 Uhr.

WENN ENGEL WEINE MACHEN

Auch wenn die Engel mittlerweile den Familiennamen Schönleben tragen, hat das Weingut doch immer noch einen himmlischen Touch. Schließlich kümmert sich die achtköpfige Familie - Thomas, Sonja, Alina, Lara, Hans, Lydia, Jochen und Ramona - mit ihren Freunden liebevoll um Wein und Gast. Auch wir durften das sonnige Gemüt hautnah erleben. Die Palette an Weinen ist recht groß, den größten Eindruck hat bei uns die Kerner Auslese mit über 50 Gramm Restsüße hinterlassen. In der Weinstube finden bis zu 60 Weinfreunde Platz, im Sommer gibt es allerdings nicht Schöneres, als im Freien in der Weinlaube frische Weine und die gute Vesper mit Flammkuchen zu genießen. Tradition hat hier übrigens der Faschingsausklang am Faschingsdienstag, wenn die Narren ab 12 Uhr die fünfte Jahreszeit zünftig beim Wein verabschieden.

Ipsheim | 300 m

Weinbau & Edelbrennerei M. & M. Heindel

Hauptstraße 9, 91472 Ipsheim
Tel.: 09846 1323

Web: www.weingut-heindel.de

Öffnungszeiten: auf Anfrage

Tipp: Mehrmals im Jahr wird zu Weinerlebnissen ins Weingut nach Ipsheim eingeladen, wie zum Hofschoppenfest mit Wein-Open-Air, oder den Kabaretttagen.

Bad Windsheim | 6,6 km

Fränkisches Freilandmuseum

Eisweiherweg 1, 91438 Bad Windsheim
Tel.: 09841 66800

Web: www.freilandmuseum.de

Öffnungszeiten: siehe Website

Tipp: Wechselnde Sonderausstellungen, Konzerte, Vorträge, Theater, Handwerkervorführungen und Museumsfeste bieten viel Abwechslung.

TIPP VOM WINZER

„SILVANER TROCKEN UND BACCHUS HALBTROCKEN."

Heckenwirtschaft Maiberger/Gleichmann

www.heckenwirtschaft.com **Plätze (innen/außen): 56/100**

WEINE

Müller-Thurgau, Perle, Silvaner, Goldriesling, Bacchus, Regent, Grauer Burgunder, Domina.

KÜCHE

Mittelgroße Karte warm und kalt; Spezialitäten: Bratwurst mit Sauerkraut, Häckerplatte.

ANSCHRIFT

Neuer Berg 1, 97753 Karlstadt
Tel.: 09353 3351

ÖFFNUNGSZEITEN

Heckenwirtschaft: Anfang Mai bis Mitte Sep.: Mo. bis Fr. ab 17 Uhr, Sa., So. und Feiertage ab 14 Uhr.

OASE IM WEINBERG

Außerhalb von Karlstadt liegt mitten in den Weinbergen die Heckenwirtschaft der Geschwister Anita Gleichmann und Wolfgang Maiberger. Die Suche lohnt sich, wir fanden schließlich eines der schönsten Plätzchen, das in diesem Buch beschrieben wird, gerade noch vor dem Sonnenuntergang – ein unvergesslicher Moment. Direkt an das Häuschen grenzt noch der älteste Weinberg, der seit 1930 unverändert geblieben ist. Unter den Weinen finden Sie auch die relativ seltene Perle von Alzey, eine säurearme Kreuzung von Gewürztraminer und Müller-Thurgau. Seit ihrer züchterischen Nachbearbeitung 1950 heißt die Rebe nur noch Perle.

Karlstadt | 2,7 km

Stadtführung Karlstadt

Treffpunkt: Tourist-Information oder Busbahnhof am Bahnhof/Ringstraße
Dauer: 60 oder 90 Minuten
Tel.: 09353 906688

Web: *www.karlstadt.de*

Tipp: Karlstadt – auf Schritt und Tritt ein Erlebnis. Woher hat der Katzenturm seinen Namen? Was ist eine Meekuh? Und weshalb ist im Historischen Rathaus ein Fisch ausgestellt?

Karlstadt | 3,4 km

Burgruine Karlsburg

Burgweg, 97753 Karlstadt
Tel.: 9353 906688 (Tourist Info)

Web: www.spessart-erleben.de

Tipp: Die Rasenflächen bieten sich für ein Picknick an.

TIPP VOM WINZER

SILVANER UND ROT-WEISS-VERSCHNITT.

Köhlichs Paradeismühle

www.paradeismuehle.de — **Plätze (innen/außen): 180/65**

WEINE

Müller-Thurgau, Riesling, Weißburgunder, Silvaner, Gewürztraminer, Spätburgunder, Portugieser.

KÜCHE

Mittelgroße Karte warm und kalt; Spezialitäten: Hirschbraten in Wacholderjus mit Apfelcranberry-relish und Kartoffelknödeln.

WEINFEST

Klingenberger Winzerfest (im Aug.).

ANSCHRIFT

Paradeismühle 1
63911 Klingenberg
Tel.: 09372 4080

ÖFFNUNGSZEITEN

Weinverkauf: Täglich 8 bis 22 Uhr.
Restaurant: Täglich 7 bis 24 Uhr.

EIN PARADIES FÜR EINE FRAU

„Anno 1798 führte Franz Nonnemacher auf diesem Bau, und das mit Vergnügen, Regina seine Frau. Er stellet ihn mit Fleiß hier her ans Paradeis." So steht es am Eingang der heutigen Paradeismühle am Röllbach bei Klingenberg. Einst als Getreidemühle gedacht, kam für die Wirtschaftlichkeit später ein Sägewerk hinzu. 1925 entdeckten die Besitzer aber auch den Wert der traumhaften Lage als Ausflugsziel und richteten eine kleine Gaststätte ein. Der Clou war ein kleiner Bach, der mitten durch die Gaststube floss. 1961 übernahmen die Vorfahren der heutigen Familie Köhlich den Besitz und bauten das Anwesen zu einem Tagungshotel mit zwei Hektar Weinbergen in den Klingenberger Steillagen aus. Und so können Sie heute hier das Beste aus den verschiedensten Welten genießen - eben ein Stück vom Paradeis!

Klingenberg am Main | 3,9 km

Rosengarten

Rathausstraße 9, 63911 Klingenberg
Tel.: 09372 1330

Web: www.stadt-klingenberg.de

Öffnungszeiten: Täglich 24 Std. offen

Tipp: Besiegeln Sie Ihre Liebe im Klingenberger Rosengarten. Das Standesamt nutzt ihn sogar für Trauungen.

Klingenberg am Main | 4,2 km

Seltenbachschlucht

Schlucht, 63911 Klingenberg am Main
Länge: 3 km
Tel.: 09372 1330

Web: www.stadt-klingenberg.de

Tipp: Oberhalb der Seltenbachschlucht stößt man auf den Klingenberger Ton. Der einzigartigen Qualität des „dunklen Goldes" verdankte die Stadt ihren legendären Reichtum.

TIPP VOM WINZER

KLINGENBERGER SCHLOSSBERG SPÄTBURGUNDER Q.B.A.

Weingut und Wein-Wirtschaft Christian Geier

www.oekoweingut-geier.de **Plätze (innen/außen): 45/16**

WEINE

Johanniter, Weißer Burgunder, Riesling, Silvaner, Müller-Thurgau, Kerner, Bacchus, Cabernet Blanc, Regent, Schwarzriesling, Dornfelder.

KÜCHE

Mittelgroße Karte warm und kalt; Spezialitäten: Grünkernküchle mit Salat oder als Burger.

WEINFEST

Königheimer Weinblütenfest (letztes WE im Jun.).

ANSCHRIFT

Baugasse 7, 97953 Königheim
Tel.: 09341 4539

ÖFFNUNGSZEITEN

Weinverkauf: Mo. bis Fr. 15 bis 19 Uhr, Sa. 9 bis 16 Uhr, nach tel. Absprache oder einfach klingeln. Wein-Wirtschaft: Mitte Mär. bis Ende Apr. und Anfang Sep. bis Anfang Nov.: Do. bis Sa. ab 17 Uhr, So. und Feiertage ab 15 Uhr, genaue Termine siehe Website.

GUTE KÜCHE FÜR DEN WEIN

Christian Geiers Familie bewirtschaftet bereits seit 1990 die gesamten Weinberge nach ökologischen Grundsätzen. Doch neben dem Verzicht auf Spritzmittel, Unkrautbekämpfungsmittel und Mineraldünger hat der Winzer noch eine besonders liebevolle Strategie. Um seine Reben zu stärken, kocht er ihnen verschiedene Kräutersude, die er dann zusammen mit Gesteinsmehlen und Mineralien direkt an die Pflanzen gibt. Dazu kommt eine von Hand ausgewählte Begrünung zwischen den Rebstöcken, und fertig ist ein gesunder, widerstandsfähiger Öko-Weinberg. Der Erfolg gibt den Geiers auf jeden Fall Recht. Denn es regnet regelmäßig Goldmedaillen, dazu kamen in den letzten Jahren der Bioweinpreis, zahlreiche Ehrungen bei der Berliner Wein Trophy und andere Auszeichnungen. Am besten lassen Sie sich das alles mal selbst vom Winzer erzählen. Bei den Weinbergbegehungen mit anschließender Weinprobe bleibt keine Frage offen - und kein Gaumen trocken.

Tauberbischofsheim | 5,6 km

„Turmwächter" Stadtführung

Treffpunkt: Rathaus, Marktplatz 8, 97941 Tauberbischofsheim, Dauer: ca. 1 Stunde

Web: www.tauberbischofsheim.de

Tipp: Die Führungen werden grundsätzlich in Deutsch angeboten, können aber gerne gegen Aufpreis auch in Englisch oder Französisch gebucht werden.

Külsheim | 9,1 km

Altstadt- und Brunnentour

Ausgangspunkt der Wanderung: Schlossplatz, Külsheim
Tel.: 09345 67311

Web: www.kuelsheim.de

Tipp: Interessante Ziele außerhalb des Rundgangs – Baumannsches Haus, Boxhagelbrunnen, Reste der Stadtmauer, Brunnen in der Bronnbacher Straße, Jüdischer Friedhof.

TIPP VOM WINZER

„JOHANNITER, SCHWARZRIESLING ROSÉ, REGENT."

Weinhof Grosch

www.weinhof-grosch.de

Plätze (innen/außen): 50/45

WEINE

Müller-Thurgau, Silvaner, Bacchus, Grauburgunder, Weißburgunder, Blauer Zweigelt, Domina, Rosé.

KÜCHE

Kleine Karte warm und kalt; Spezialitäten: Hausteller nach Art des Weinhofes.

WEINFEST

Wein- + Honigfest (Pfingstsonntag), Bremsertour (1. WE im Okt.), Mondscheinweinfest (1. Sa. im Aug., WeinMarktPlatz (im Aug.).

ANSCHRIFT

Krassolzheim 64
91484 Sugenheim
Tel.: 09165 995620

ÖFFNUNGSZEITEN

Siehe Website; auf Anmeldung Familienfeiern und Events.

DIE WEIN-TOSKANA

Hat man den Weinhof Grosch erst einmal gefunden, fühlt man sich wie in einer fernen Welt. Wie eine kleine toskanische Insel inmitten der fränkischen Realität wartet der runde Innenhof mit wunderschön gepflegten Blumen und Bäumen und liebevoller Dekoration auf. Feriengäste kommen sogar in den Genuss eines Pools sowie Sandkasten und Spielwiese für die Kleinen. Und auch wenn die Sonne einmal nicht scheinen sollte, bleibt es gemütlich. Denn dann können Sie in die Weinstube mit dem urigen Kachelofen umziehen. Die Vinothek ist zugleich Verkostungsraum und Zentrale für Veranstaltungen aller Art, vom Frauenhandwerkermarkt über diverse Messen bis zu Familien- und Hoffesten. In diesem Ambiente feiert es sich aber nur zu gerne, und so gab es schon viele rauschende Feiern an lauschigen Abenden, natürlich bei Selbstgebackenem und guten Weinen. Freuen Sie sich auf dieses Erlebnis!

Sugenheim | 2 km

Freimanns Weinbau und Weinstuben

Ingolstadt 9-11, 91484 Sugenheim
Tel.: 09165 1345

Web: www.weinbau-freimann.de

Öffnungszeiten: siehe Website

Tipp: Die Weine können in gemütlicher Atmosphäre bei einer fränkischen Brotzeit in der Weinstube probiert werden.

Sugenheim | 6,6 km

Spielzeugmuseum im Alten Schloss

Schloßstraße 47, 91484 Sugenheim
Tel.: 09165 650

Web: www.spielzeugmuseum-sugenheim.de

Öffnungszeiten: siehe Website

Tipp: Sonderöffnungen für Gruppen ab 15 Personen jederzeit gegen Voranmeldung (min. 5 Tage vorher) möglich.

TIPP VOM WINZER

DIE BELIEBTEN BACCHUS UND SILVANER.

Winzerhof Burrlein

www.burrlein.com **Plätze (innen/außen): 0/0**

WEINE

Silvaner, Müller-Thurgau, Bacchus, Scheurebe, Weißburgunder, Riesling, Sauvignon blanc, Kerner, Domina, Blauer Zweigelt, Frühburgunder, Dornfelder, Regent, Cabernet Dorio.

WEINFEST

„Weinbegegnung" - Jahrgangspräsentation am Hof (WE vor dem 1. Mai), Mainstockheimer Weinfest „Wein am Main" (3. WE im Juli).

ANSCHRIFT

Hauptstraße 149
97320 Mainstockheim
Tel.: 09321 5578

ÖFFNUNGSZEITEN

Weingut: Mo. bis Fr. 9 bis 18 Uhr, Sa. 9 bis 16 Uhr.

WEIN-VISION

Der Ursprung des Winzerhofs geht auf die Visionskraft von Friedrich Burrlein zurück. Der fasste sich 1904 ein Herz und machte aus dem Bauernhof ein Weingut, das es mittlerweile auf stolze 30 Hektar Rebfläche gebracht hat. Heute führt Enkel Frieder den Betrieb, der 1994 das Ruder von seinem Vater Karl übernommen hatte. Die Gedanken des Gründers schwirren aber immer noch durch alle Winkel des Anwesens, und die jetzt tätigen Akteure fühlen sich seinen Gedanken, seiner Tradition und Erfahrung verpflichtet. In diesem Sinne arbeitet Frieder mit Kellermeister Achim Bräunel mit viel Herzblut an den Weinen, die in den Linien „Auftakt Fritz", „Edition Karl", „Hofstück", „von selbst" und „Schloßportal" im Regal landen. „von selbst" meint übrigens Spontangärung mit faszinierenden Aromen - und unter den „Schloßportal"-Weinen haben wir eine großartige Beerenauslese entdeckt. Hier müssen Sie schnell sein!

Dettelbach | 3 km

Weinbergwanderung auf dem Sagen-und Mythenweg

Ausgangspunkt der Wanderung:
Egerländer Straße, 97337 Dettelbach
Länge: 2 km, Dauer: ca. 1,5 Stunden

Web: *www.dettelbach.de*

Tipp: Entlang des Weges stehen 12 Tafeln mit Sagen über Dettelbach sowie Informationen über Landwirtschaft und Weinbau.

Kitzingen | 6,8 km

Weingut Eherieder Mühle

Kaltensondheimer Straße 115
97318 Kitzingen
Tel.: 09321 24464

Web: www.weingut-hassold.de

Öffnungszeiten: Do., Fr. & Sa. ab 17 Uhr, So. & Feiertage ab 12, Mo. bis Mi. Ruhetag

Tipp: Bereits in der 3. Generation geführt, bietet das Weingut Haßold Weine für jeden Geschmack.

TIPP VOM WINZER

SILVANER „ALTE REBEN" AUS DER LINIE „HOFSTÜCK".

Weingut & Häckerstube am Vogelsang

www.weingut-hegwein.de **Plätze (innen/außen): 40/25**

WEINE

Müller-Thurgau, Bacchus, Silvaner, Ortega, Blauer Silvaner, Blauer Portugieser, Schwarzriesling, Dornfelder, Regent.

KÜCHE

Kleine Karte warm und kalt; Spezialitäten: Saftig-zartes Schweinsknöchle mit Kraut und Brot

WEINFEST

Festival der Weine (4. WE im Jul.).

ANSCHRIFT

Frankenbergstraße 11
97348 Markt Einersheim
Tel.: 09326 597

ÖFFNUNGSZEITEN

Weinverkauf: Mo., Do., Fr. und Sa. 8 bis 18 Uhr, Di., Mi., So. und Feiertagen nur nach Vereinbarung.
Häckerstube: Siehe Website.

BLAUBLÜTIGER WEIN

Die Hegweins haben sich unter anderem einer ganz besonderen Sorte verschrieben, dem Blauen Silvaner. Diese Rebe entstand durch eine Mutation des klassischen Silvaners und wurde erst 1984 als eigene Ertragssorte zugelassen. Die Trauben sind rot und reifen sehr spät, die Weine bauen die Hegweins aber als Weißweine mit allerdings sehr kräftiger Farbe aus. Die große Mühe um diese seltene Rebe hat Sybille und Marcus Hegwein schon viele Preise eingebracht, aber auch für andere Weine gab es schon Edelmetall. Unter anderem für den Ortega, einen ebenfalls selten angebauten Weißwein mit wenig Säure, aber spannenden Lager-Eigenschaften.

Iphofen | 3,3 km

Keuper-Tour Radtour

Ausgangspunkt der Radtour:
Parkplatz Stadtgraben Ost, Iphofen
Länge: 30,6 km, Dauer: 2,5 Stunden

Web: www.iphofen.de

Tipp: In Mönchsondheim können Sie das Bauern- und Handwerkermuseum in der Kirchenburg besuchen.

Rödelsee | 5,8 km

Jüdischer Friedhof

Lage: Ca. 1 km außerhalb von Rödelsee am Fuße des Schwanbergs

Web: www.synagoge-kitzingen.de

Tipp: Den Schlüssel erhalten Sie bei der israelitischen Kultusgemeinde in Rödelsee. Alle männlichen Besucher sollten eine Kopfbedeckung tragen, wie dies auch beim Betreten einer Synagoge üblich ist.

TIPP VOM WINZER

SILVANER „ALTE REBEN" UND BLAUER SILVANER.

Weingut Probst

www.weingut-probst.de

Plätze (innen/außen): 12/100

WEINE

Silvaner, Sauvignon Blanc, Weißburgunder, Chardonnay, Grauburgunder, Müller-Thurgau, Bacchus, Scheurebe, Riesling, Perle, Portugieser, Regent, Zweigelt, Schwarzriesling, Domina, Dornfelder, Merlot.

KÜCHE

Vesper zur Weinprobe auf Bestellung. Spezialität: Frisch geräucherte Forelle.

WEINFEST

Weinfest (letztes WE im Jul.).

ANSCHRIFT

Markt Nordheim 35
91478 Markt Nordheim
Tel.: 09165 995144

ÖFFNUNGSZEITEN

Weinverkauf: Do. 16 bis 19 Uhr, ansonsten täglich nur nach Vereinbarung.

FESTE IN DER WEINVESTE

Das wunderschön gelegene Anwesen der Probsts steht schon seit einem Vierteljahrhundert für echte Spitzenweine. Getreu der Philosophie „Weinbau mit Weitsicht" denkt Winzer Werner seine Weine hier vom Ende her und richtet seit gut 20 Jahren seinen Fokus auf die Nachhaltigkeit. Dabei kommen zum Beispiel Naturdünger wie Pferdemist und Gesteinsmehle zum Einsatz. Außerdem tragen hier vor allem Nützlinge zum Schutz der Pflanzen vor schädlichem Befall bei. Die Ergebnisse können sich mehr als sehen lassen. Davon zeugen zahlreiche Preise und Prämierungen. Sehr spannend fanden wir die Idee, jedes Jahr eine Rebsorte in zwei Varianten auszubauen, damit Gäste - und Winzer - das jeweils deutlich unterschiedliche Geschmacksprofil erleben können. Apropos: Wir empfehlen die „Festliche Weinprobe mit Tafelmusik" im nahe gelegenen Schloss Seehaus.

Sugenheim | 6,6 km

Neues Schloss Sugenheim

Schloßstraße 45 & 45a, 91484 Sugenheim
Tel.: 09165 650

Web: www.schloss-sugenheim.de

Öffnungszeiten: auf Anfrage

Tipp: 1990 bis 1993 fand hier eine aufwendige Sanierung aller Gewerke und sämtlicher Technik statt.

Weigenheim | 8,3 km

Schloss Frankenberg

Schloss Frankenberg 1, 97215 Weigenheim
Tel.: 09339 97140

Web: www.schloss-frankenberg.de

Öffnungszeiten: auf Anfrage

Tipp: Dornröschen wird wach geküsst. Ein Schloss wie aus einem Märchen.

TIPP VOM WINZER

„DAS VIELFÄLTIGE SORTIMENT AN REBSORTEN."

Weingut Dieter Zöller

www.woischeuer.de Plätze (innen/außen): 40/80

WEINE

Silvaner, Müller-Thurgau, Riesling, Kerner, Muskat Ottonel, Bacchus, Portugieser, Spätburgunder, Schwarzriesling.

KÜCHE

Mittelgroße Karte warm und kalt; Spezialitäten: Kümmelbauch mit Kartoffelsalat

WEINFEST

Weinfest in Erlenbach am Main (2. WE im Jul.).

ANSCHRIFT

Mechenharder Straße 193,
63906 Erlenbach am Main
Tel.: 09372 10966 oder
0160 2854039

ÖFFNUNGSZEITEN

Weinverkauf: Nur nach telefonischer Vereinbarung.
Häckerwirtschaft: 17 Tage jeweils im Mär. und im Nov., 10 Tage Hoffest im Aug., genaue Termine siehe Website.

HANDARBEIT AM BUNTSANDSTEINHANG

Das Weingut Dieter Zöller liegt im zwischen Spessart und Odenwald gelegenen Erlenbacher Stadtteil Mechenhard, wo in den Buntsandsteinhängen der Klingenberger und Erlenbacher Steillagen eine Rebfläche von ca. 2,5 Hektar bewirtschaftet wird. Hier ist alles noch Handarbeit. Aufgrund der besonderen Terrassenlage kommen hier keine Maschinen zum Einsatz. In Dieter Zöllers Familie hat der Weinbau eine lange Tradition. Bereits Vater und Großvater widmeten sich der Kunst des Weinbaus, bis er selbst mit 16 Jahren den Beruf des Winzers erlernte und den Ausbau der im Familienbetrieb erzeugten Weine noch verfeinerte. In seinen Weinbergen wachsen Silvaner, Müller-Thurgau, Kerner, Bacchus, Riesling, Portugieser, Schwarzriesling und Spätburgunder. Auch baut er die Rebsorte Muskat Ottonel an, die in seinem Betrieb einzigartig in Franken ist.

Klingenberg am Main | 3 km

Weinbau- & Heimatmuseum

Wilhelmstraße 13, 63911 Klingenberg
Tel.: 09372 20305

Web: www.stadt-klingenberg.de

Öffnungszeiten: siehe Website unter Wein & Kultur

Tipp: Eintritt: 3,00 €; Führungen für Gruppen ab 10 Personen 4,00 € pro Person (nur nach Voranmeldung).

Klingenberg am Main | 3 km

Gasthaus zum goldenen Schwert

Hauptstraße 33, 63911 Klingenberg
Tel.: 09372 9489861

Web: www.schwert-klingenberg.de

Öffnungszeiten: Küche Di. bis So. 12 bis 14 und ab 18 Uhr

Tipp: Das Sandsteingewölbe, in dem noch der original erhaltene Sandsteinboden von 1473 zu sehen ist.

TIPP VOM WINZER

MUSKAT OTTONEL: EINE SPEZIALITÄT UNSERES HAUSES.

Wörners Schloss Weingut & Wellnesshotel

www.woerners-schloss.de Plätze (innen/außen): 40/50 und großer Saal mit 150

WEINE

Silvaner, Kerner, Müller-Thurgau, Domina.

KÜCHE

Kleine Karte warm und kalt; Spezialitäten: Thunfischcarpaccio mit Wasabi-Sauce und hauseigenem kaltgepressten Traubenkernöl

WEINFEST

Großer Weihnachtsmarkt (2 Wochen vor dem 1. Advent).

ANSCHRIFT

Neuses am Sand 21
97357 Prichsenstadt
Tel.: 09383 7179

ÖFFNUNGSZEITEN

Weinverkauf: Mitte Feb. bis Mitte Dez.: Mi. bis So. 10 bis 18 Uhr.
Restaurant: Mitte Feb. bis Mitte Dez.: Mi. bis Sa. ab 17.30 Uhr, So. ab 11.30 Uhr (durchgehend warme Küche bis 21 Uhr).

BIOENERGETISCH GUT

Harald Wörner und sein Schloss sind echte Unikate in Franken. Von der einst viereckigen Anlage ist heute noch ein zweigeschossiger Wohntrakt mit einem Treppenturm erhalten, in dem Weingut, Hotel und Restaurant stecken. Das ganze Ensemble zeigt er gerne, auch wenn man alleine kommt! Winzer Wörner selbst outet sich als Barrique-Fan und baut sehr feine Weißweincuvées auf diese Weise aus. Sein neuestes Kind sind die Cosmoweine mit Bioenergetik in der Flasche (www.cosmowein.de). Seit 2015 tragen diese zusätzlich das Siegel „Vitaler Genuss" für Lebensmittel mit hoher innerer Qualität. Kurz ausgedrückt versucht der Winzer, die Energie des Weinberges, das Chi, erst in die Trauben und dann in den Keller zu bekommen. Natürlich sind die guten Tropfen zusätzlich auch noch vegan.

Prichsenstadt | 3,5 km

Gasthaus Grüner Baum

Schulinstraße 14, 97357 Prichsenstadt
Tel.: 09383 1572

Web: www.gasthaus-gruener-baum.com

Öffnungszeiten: Auf Anfrage

Tipp: Fränkische Kultur und Gastlichkeit sind im denkmalgeschützten Gasthaus in der Altstadt schon seit Mitte des 17. Jahrhunderts zu Hause.

Prichsenstadt | 3,5 km

Historischer Stadtrundgang

22 historische Gebäude nehmen Sie mit auf eine Reise durch die Geschichte in Prichsenstadt. Dauer: ca. 1 Stunde.
Tel.: 09383 9750-18.

Web: www.prichsenstadt.de

Tipp: Detaillierte Informationen zu den Rundgängen durch Prichsenstadt sind im Rathaus erhältlich.

TIPP VOM WINZER

„KALTVERGORENER WEISSWEIN MIT TROPISCHEM FRUCHTSPIEL."

Weingut am Vögelein

www.weingut-am-voegelein.de **Plätze (innen/außen): 70/40**

WEINE

Silvaner, Bacchus, Müller-Thurgau, Riesling, Kerner, Chardonnay, Weißer Burgunder, Sauvignon Blanc, Scheurebe, Albalonga, Spätburgunder, Regent, Schwarzriesling, Dornfelder.

KÜCHE

Mittelgroße Karte warm und kalt; Spezialitäten: Fränkische Gerichte

WEINFEST

Sommerfest im Weingut am Vögelein (letztes WE im Aug.).

ANSCHRIFT

Raiffeisenstraße 34
97334 Nordheim am Main
Tel.: 09381 3000

ÖFFNUNGSZEITEN

Weinverkauf: Mo. bis Fr .9 bis 18 Uhr, Sa., So. und Feiertage 9 bis 12 Uhr oder nach Vereinbarung. Häckerstube: Im Frühjahr und im Herbst für jeweils ca. 7 Wochen: Sa, So und Feiertage ab 15 Uhr, genaue Termine siehe Website.

RARER TROPFEN

Das Weingut am Vögelein hat eine ganz besondere Spezialität zu bieten: Den Albalonga. Diese Rebe ist eine relativ neue ertragsreiche Kreuzung aus Rieslaner und Silvaner, allerdings anfällig für Fäule. Gerade einmal zwei Hektar in Franken und 14 in Deutschland sind mit Albalonga bestockt. Die Rebe ist bekannt für gute Auslesen. Natürlich lohnt auch eine Weingutführung, Weinbergswanderung oder Weinprobe, die jeweils ab sieben Personen möglich sind. Geführt werden Sie dann vielleicht von Ihrer Majestät persönlich. Schließlich amtierte Tochter Christina 2016/17 als Fränkische Weinkönigin und Deutsche Weinprinzessin.

Nordheim am Main | 300 m

Weingut Braun

Mainstraße 17, 97334 Nordheim am Main
Tel.: 09381 803690

Web: www.weininsel-nordheim.de

Öffnungszeiten: siehe Website

Tipp: Der gut bestückte Weinkeller des Hauses hält Weine aus eigenem Anbau und ausgesuchte Spitzenprodukte der Weingüter Nordheims für Sie bereit.

Volkach | 2,4 km

Kanuverleih Weingut Höhn

Köhler 31, 97332 Volkach
Tel.: 09381 9253

Web: www.weingut-hoehn.de

Öffnungszeiten: auf Anfrage

Tipp: Mit dem eigenen Kanu-Verleih wird Ihnen hier die Möglichkeit zu romantischen Fahrten auf dem Altmain geboten.

TIPP VOM WINZER

SAUVIGNON BLANC
SCHEUREBE, SILVANER
& WEISSBURGUNDER.

Weingut Helmut Christ GbR

www.weingut-helmut-christ.de Plätze (innen/außen): 75/20-30

WEINE

Silvaner, Müller-Thurgau, Bacchus, Kerner, Riesling, Johanniter, Rieslaner, Weißer Burgunder, Grauer Burgunder, Chardonnqy, Spätburgunder, Domina, Blaufränkisch, Dornfelder, Schwarzriesling, Cabernet Dorsa.

KÜCHE

Kleine Karte warm und kalt; Spezialitäten: Zwiebelplootz.

WEINFEST

Weinfest in der Kastanienallee (WE an Christi Himmelfahrt).

ANSCHRIFT

Volkacher Straße 6
97334 Nordheim am Main
Tel.: 09381 2806

ÖFFNUNGSZEITEN

Weinverkauf: Mo. bis Sa. 9 bis 18 Uhr, So. und Feiertage nach Absprache.
Häckerwirtschaft: genaue Termine siehe Website. Für Gruppen auf Anfrage geöffnet.

BIO-PIONIERE

Teile unserer Redaktion waren noch gar nicht geboren, als Helmut Christ bereits 1974 auf biologischen Weinbau setzte. Neun Jahre später erfolgte die Bioland-Zertifizierung, seit 2005 wird biodynamisch nach den noch strengeren Demeter-Richtlinien gewirtschaftet. Helmut und seine Frau Angelika waren nicht nur im Betrieb eifrig beschäftigt: Alle neun Kinder arbeiten saisonal im Weinberg mit, Sohn Michael hat den Weinbau sogar zu seinem Beruf gemacht. Er hat die Philosophie seiner Eltern ja schon mit der Muttermilch aufgesogen und während seiner Ausbildung unter anderem auch im Ausland noch viele andere Einflüsse dazubekommen. Ein besonderes Augenmerk legen die Christs auf die Frankenrebe Silvaner, die es in den unterschiedlichsten Qualitätsstufen zu verkosten gibt, vom Qualitätswein bis zur Trockenbeerenauslese.

Nordheim am Main | 2,6 km

Rebsortenerlebnispfad

Ausgangspunkt der Wanderung: Vom südlichen Ortsrand führt der Weg in den Weinberg hinauf, zu Nordheims Panoramahügel. Länge ca. 8 km.

Web: www.nordheim-main.de

Tipp: Den südlichen Ortsrand flankieren acht überlebensgroße Winzerfiguren. Die tragen Informationstafeln über zahlreiche Facetten des Weinanbaus

Sommerach | 4 km

Wanderung Fränkische Weininsel und Quittenlehrpfad

Ausgangspunkt der Wanderung: Start in Sommerach, ca. 17 km lang, Dauer: ca. 3,5 Std.

Web: www.outdooractive.com

Tipp: Einkehr in Sommerach, Nordheim, auf der Vogelsburg oder in Volkach möglich.

TIPP VOM WINZER

SILVANER IN VIELEN QUALITÄTEN.

Weingut GLASER im Weinberg

www.weingut-glaser.com **Plätze (innen/außen): 84/60**

WEINE

Weißburgunder, Grauburgunder, Scheurebe, Silvaner, Kerner, Bacchus, Müller-Thurgau, Riesling, Rieslaner, Frühburgunder, Spätburgunder, Domina, Regent, Dornfelder.

KÜCHE

Kleine Karte warm und kalt; Spezialitäten: Hausgeräucherter Winzerschinken und Holzfass-schinken.

WEINFEST

Nordheimer Weinfest (Mitte Mai).

ANSCHRIFT

Sommeracher Straße 42
97334 Nordheim am Main
Tel.: 09381 9464

ÖFFNUNGSZEITEN

Weinverkauf: Jederzeit nach telefonischer Anmeldung.
Heckenwirtschaft: Apr. bis Anfang Mai: Sa., So. und Feiertage ab Mittag, Sep. bis Mitte Okt.: Mo. bis Fr. ab 14 Uhr, Sa., So. und Feiertage ab Mittag.

WEIN AUF DEN KOPF GESTELLT

Rudi und Melanie Glaser haben ihren eigenen Kopf - und das ist auch gut so. Denn dadurch gehen die beiden neue, bisher nicht ausgetretene Wege und bringen gerade die Muschelkalklagen der Weininsel zu einer besonderen, so bisher nicht gekannten Geltung. In Handarbeit werden nur die besten Trauben gelesen, damit ein möglichst perfekter Genuss entstehen kann. Pate steht vor allem Rudi, der als Vollblutwinzer, Sommelier und Kellermeister mit umfassenden Kenntnissen zu Werke gehen kann. Sein Wissen und seine Leidenschaft gibt er nur zu gerne weiter, und so können Sie sich in zahlreichen Verkostungen und Seminaren selbst ein Bild von der spannenden Palette der Glasers machen. Besonders schön fanden wir die mitten im Weinberg gelegene Weinterrasse, die ein rundum perfektes Ambiente für Weinproben bietet. Die Räumlichkeiten können Sie auch für Feiern aller Art mieten und so Ihre Lieben auch gleich vom Frankenwein begeistern!

Volkach | 5,3 km

Ausflugsschiff Undine

Achten Sie auf die Hinweisschilder in Volkach mit den Schiffsymbolen
Tel.: 09381 710880

Web: www.mainschifffahrt.info

Tipp: Vom Schiff aus erleben Sie die Region aus ganz anderen Blickwinkeln.

Volkach | 7 km

Wallfahrtskirche Maria im Weingarten

Volkach in Richtung Fahr.

Web: www.volkach.de

Öffnungszeiten: Mär. und Nov. Fr. bis So. 10 - 17 Uhr; Apr. bis Okt. täglich 10 bis 17 Uhr

Tipp: Am Fuße der Kirche beginnt der Ratsherrn Rebsorten Lehrpfad.

TIPP VOM WINZER

DIE SOMMERWEINE UND BURGUNDERWEINE.

Weingut und Weinstube Krämer

www.weingut-kraemer.de **Plätze (innen/außen): 40/0**

WEINE

Silvaner, Müller-Thurgau, Bacchus, Scheurebe, Blauer Silvaner, Weißburgunder, Riesling, Traminer, Rieslaner, Kerner, Sauvignon Blanc, Dornfelder, Spätburgunder, Schwarzriesling.

KÜCHE

Kleine Karte warm und kalt. Spezialitäten: Meefischli mit Kartoffelsalat, Forellenfilet nach Matjesart mit Rahmsoße und Pellkartoffel, Karpfenschinken, Zanderbrot.

WEINFEST

Hofweinfest (im Aug. für 3 Tage).

ANSCHRIFT

Türkenstraße 1-2
97247 Obereisenheim
Tel.: 09386 90115

ÖFFNUNGSZEITEN

Weinverkauf: Mo. bis Fr. 8 bis12 Uhr und 13 bis 18 Uhr, Sa. 8 bis 12 Uhr und 13 bis 17 Uhr, So. 10 bis 12 Uhr. Weinstube nach Fasching und im Herbst, Details siehe Website.

DER WEIN ZUM FISCH

Seitdem Birgit und Gerd Krämer 2001 ihre Heckenwirtschaft eröffneten, steht neben den Weinen vor allem der Fisch im Mittelpunkt des kulinarischen Angebotes und Interesses. Schließlich besitzt die Familie ein eigenes Fischrecht und auch eine uralte Rezeptpalette, was zu Leckereien wie beispielsweise geräuchertem Karpfenschinken führt. Obereisenheim soll übrigens die Heimat des Silvaners sein – zumindest datiert die älteste urkundliche Erwähnung aus dem Jahre 1659 von hier. Dementsprechend finden Sie hier auch eine besondere Silvanersorte, den Blauen Silvaner, der zwar rote Trauben hat, aber dennoch einen feinen Weißwein ergibt.

Eisenheim | 270 m

Weinbau Rügamer

Breiter Weg 3, 97247 Eisenheim
Tel.: 09386 1338

Öffnungszeiten: auf Anfrage

Tipp: Roswitha und Edmund Rügamer präsentieren Ihnen gehaltvolle Weine, edle Champagner oder ausgefallene Gins.

Obereisenheim | 300 m

Silvaner Erlebnisweg

Ausgangspunkt der Wanderung: Obereisenheimer Ortkern bis hinauf auf die Höhe der fränkischen Trockenplatte.
Tel.: 09305 88826 (weitere Infos)

Web: www.frankentourismus.de

Tipp: Erstmals 1659 urkundlich erwähnt, zeigt der Weg dem Wanderer alle Facetten der fränkischen Rebsorte schlechthin auf.

TIPP VOM WINZER

SILVANER UND BLAUER SILVANER.

Udo's Winzerhof & Heckenwirtschaft

www.udos-heckenwirtschaft.de

Plätze (innen/außen): 40/80

WEINE

Müller-Thurgau, Silvaner, Bacchus, Regent, Cabernet Dorsa.

KÜCHE

Kleine Karte warm und kalt; Spezialitäten: Hauseigene Brotzeiten

WEINFEST

Hofschoppenfest (2. WE im Jun.), Schlossparkweinfest (letztes WE im Aug.).

ANSCHRIFT

Scherenbergstraße 41
97478 Knetzgau-Oberschwappach
Tel.: 09527 650 oder
0178 6280428

ÖFFNUNGSZEITEN

Weinverkauf: Jederzeit nach Tel. ischer Anmeldung möglich.
Heckenwirtschaft: Ab dem 1. Fr. im Mär. und ab dem 1. Fr. im Sep. jeweils für 8 Wochen, Fr. und Mo. ab 18 Uhr, Sa. ab 17 Uhr, So. ab 15 Uhr.

UDO MAG ES TROCKEN

Udo Vogt ist ein besonders lieber Mensch - denn einerseits gönnt er seiner Hefe auch das letzte bisschen Zucker und andererseits dürfen die Kunden dafür dann auch besonders gehaltvolle und tückische Weine genießen. Denn durch die hohe Vergärung sind die edlen Tropfen richtig „trocken" - und trinken sich deswegen ganz besonders locker flockig weg. Dabei kann der Winzer auf eine sehr lange Familientradition zurückblicken. Nach der Säkularisation zu Beginn des 19. Jahrhunderts kauften seine Vorfahren die früher klösterlichen Weinberge und bereicherten Ihre Getränkepalette um den guten Rebensaft. Ein Glück für Udo und seine Fans, die übrigens besonders gerne donnerstags im Winzerhof aufschlagen, weil der Meister dann seinen Grill rausholt und deftige Spare-Ribs zu seinen Lieblingsweinen serviert - nebst einer umfangreichen Palette selbst zubereiteter Salate.

Oberschwappach | 300 m

Schloss Oberschwappach

Schloßstraße 6, 97478 Knetzgau
Tel.: 09527 790

Web: www.schloss-oberschwappach.de

Öffnungszeiten: auf Anfrage

Tipp: Neben vielen Ausstellungen und Veranstaltungen erwartet Sie auch eine feine Gastronomie.

Wonfurt | 5,5 km

Schloss Wonfurt

97539 Wonfurt – an der A 70 zwischen Schweinfurt und Bamberg

Web: www.schloss-wonfurt.de

Öffnungszeiten: auf Anfrage

Tipp: Auch hier finden Kulturveranstaltungen statt. Sie können aber auch selbst Ihre Familienfeier planen.

TIPP VOM WINZER

CABERNET DORSA, EIN SEHR FARBINTENSIVER ROTWEIN.

Weinbau Robert Ruppenstein

www.wein-von-ruppenstein.de **Plätze (innen/außen): 170/45**

WEINE

Silvaner, Bacchus, Müller-Thurgau, Kerner, Domina, Spätburgunder.

KÜCHE

Mittelgroße Karte warm und kalt; Spezialitäten: Fränkisches Allerlei

WEINFEST

Hofschoppenfest „Steigerwälder Weintage" (letztes WE im Aug.).

ANSCHRIFT

Steiggasse 5
97516 Oberschwarzach
Tel.: 09382 90703

ÖFFNUNGSZEITEN

Weinverkauf: Mo. bis Sa. 14 bis 18 Uhr, So. und Feiertage 14 bis 17 Uhr oder nach tel. Vereinbarung. Alte Scheune: Mai bis Nov.: Sa., So. und Feiertage ab 15 Uhr, für Gruppen auf Anfrage.

FEINES VOM HERRENBERG

Dieses sehr kleine Weingut liegt am Fuße des Oberschwarzacher Herrenberges, an dessen Hängen Weine auf Gipskeuperböden gedeihen können. Das ist selten für den Steigerwald und bietet ein spannendes Aromaprofil. Verkosten können Sie die feinen Tropfen entweder in der „Alten Scheune" in Oberschwarzach oder im „Alten Gewölbekeller" zwei Häuser weiter. Besonders die Rotweine des Hauses faszinieren die Kritiker, weswegen sie dem Betrieb 2015 einen Ehrenpreis verliehen und das Weingut aktuell zum Landkreiswein-Sieger ernannt haben. Ein guter Termin für einen Besuch ist Ende August zu den Steigerwälder Weintagen.

Oberschwarzach | 180 m

Julius-Echter-Schloss

97516 Oberschwarzach

Web: www.fv-schloss-oberschwarzach.de

Öffnungszeiten: auf Anfrage

Tipp: Erfahren Sie mehr über das Julius-Echter-Schloss. Ehrenamtliche Mitglieder des Fördervereines bieten Ihnen gerne eine persönliche Führung an.

Handthal | 2,5 km

Restaurant Der Brunnenhof

Handthal 6, 97516 Oberschwarzach
Tel.: 09382 99828

Web: www.der-brunnenhof.de

Öffnungszeiten: auf Anfrage

Tipp: Hier kann auch mal ganz fein diniert werden. Die Küche hat so einiges auf dem Kasten.

TIPP VOM WINZER

SILVANER, ROT- UND WEISSWEIN CUVÉES.

Winzerhof Familie Schwab

www.weinbau-schwab.de **Plätze (innen/außen): 40/40**

WEINE

Bacchus, Müller-Thurgau, Silvaner, Dornfelder, Spätburgunder.

KÜCHE

Mittelgroße Karte warm und kalt; Spezialitäten: Reblaustoast.

WEINFEST

Hofweinfest (Pfingsten).

ANSCHRIFT

Vorstadt 6
97516 Oberschwarzach
Tel.: 09382 5152

ÖFFNUNGSZEITEN

Weingut: Mo. bis Sa. 10 bis 18 Uhr, So. und Feiertage 10 bis 13 Uhr oder nach tel. Vereinbarung. Heckenwirtschaft: 1. WE im Mär. bis letztes WE im Apr.: So. und Feiertage ab 14 Uhr, 1. WE im Sep. bis letztes WE im Okt.: Sa., So. und Feiertage ab 14 Uhr.

AUF DU UND DU MIT DEM WEIN

Die Winzerfamilie Schwab kann auf eine über 100-jährige Tradition zurückblicken. Mindestens seit 1895 häckerten die Vorfahren zwischen den Reben. Seit 1988 führt der Urenkel des Gründers Nikolaus, Ewald, mit seiner Frau Claudia und den Kindern Carina und Christian das Weingut. Viele Rebflächen sind seitdem hinzugekommen, und die Palette ist um zusätzliche Sorten gewachsen. 2002 schließlich eröffneten sie die eigene Heckenwirtschaft, die mit ihren 40 Sitzplätzen ein echter Hort der Gemütlichkeit ist. Unkompliziert sitzen die Gäste Seit an Seit, knüpfen Kontakte und sind schnell per Du. Unsere Empfehlung ist zudem der Besuch an Pfingsten zum beliebten Hofweinfest - mit beheizter Festhalle bei schlechtem Wetter.

Handthal | 1 km

Rundwanderweg Handthal – Ebrach

Ausgangspunkt der Wanderung: Wanderparkplatz links an der B22 nach Ortsausgang Ebrach in Richtung Würzburg Länge: 4,1 km, Dauer: ca. 1 Std.

Web: www.outdooractive.com

Tipp: Der nahe Baumwipfelpfad Steigerwald ist auch einen Besuch wert.

Ebrach | 5,2 km

AcquaSana Naturbad

Schwimmbadweg 1, 96157 Ebrach
Tel.: 09553 1370

Web: www.acquasana.de

Öffnungszeiten: Mo. bis Fr. 10 bis 20 Uhr, Sa., So. und Feiertage 9 bis 20 Uhr

Tipp: Genießen Sie die sonnigen und schattigen Bereiche der Liegewiese beim Entspannen oder aktiv bei Beach-Volleyball oder Boule.

TIPP VOM WINZER

„SILVANER, MÜLLER-THURGAU UND SPÄTBURGUNDER."

Weinbau und Heckenwirtschaft Familie Eller

www.weink-eller.de **Plätze (innen/außen): 40/0**

EIN FRÄNKISCHER ORT MIT DREI B

WEINE

Silvaner, Bacchus, Müller-Thurgau, Riesling, Kerner, Portugieser, Domina, Regent, Spätburgunder.

KÜCHE

Mittelgroße Karte kalt; Spezialitäten: Winzerplatte, Käseplatte.

ANSCHRIFT

Prappacher Straße 17
97437 Haßfurt-Prappach
Tel.: 09521 1730

ÖFFNUNGSZEITEN

Weinverkauf: Mo. bis Sa. 10 bis 18 Uhr nach tel. Anmeldung. Heckenwirtschaft: Mitte Mär. bis Ende Apr. und Mitte Okt. bis Ende Nov. für jeweils 7 Wochenenden: Sa. ab 17 Uhr, So. ab 16 Uhr, für Gruppen ab 30 Personen nach Anmeldung freitags geöffnet.

Die Überschrift verstehen Sie nur, wenn Sie schon mal mit einem Franken über harte und weiche Konsonanten diskutiert haben. Dennoch kam uns das spontan in den Sinn, als wir auf der Anfahrt einen Passanten nach dem Weg nach Prappach fragten. Der gewiesene Pfad erwies sich als richtig, und so freuten wir uns über den herzlichen Empfang der Familie Eller, die das Winzerblut schon seit fünf Generationen in sich trägt. Ursprünglich war das Weingut ausschließlich auf die Bacchus-Rebe konzentriert, doch inzwischen wuchsen Anspruch und Rebfläche, und so finden sich auch andere Sorten wie Portugieser, Regent oder Domina im Sortiment. In all der Geschichte ist der Fokus auf die Handarbeit geblieben, und so legen die Ellers heute noch bei jedem Produktionsschritt selber Hand an ihren Wein. Am besten probieren Sie ihn vor Ort in der Heckenwirtschaft, wo wir Ihnen besonders die sehr schmackhafte Winzerplatte ans Herz legen möchten.

Königsberg in Bayern | 3,4 km

Kunsthandwerkerhof

Braugasse 4, 97486 Königsberg
Tel.: 09525 1863

Web: www.kunst-handwerkerhof.de

Öffnungszeiten: Mi. bis So. 14 bis 18 Uhr

Tipp: Wechselnde Ausstellungen, Lesungen und kleine Veranstaltungen sind die kulturellen i-Tüpfelchen im großzügigen Galerieraum.

Haßfurt | 4,6 km

Ritterkapelle Haßfurt

Obere Vorstadt 17, 97437 Haßfurt
Tel.: 09521 1484

Web: www.ritterkapelle.de

Öffnungszeiten: Mo. bis Fr. 8 bis 18 Uhr, Sa. und So. 9 bis 18 Uhr

Tipp: Unter der Orgelempore präsentiert sich eine freigelegte gotische Malerei mit den Kirchenvätern und den Symbolen der Evangelisten.

TIPP VOM WINZER

„SILVANER, BACCHUS UND DOMINA.“

Weingut Wagner & Gasthof „Zur Prichsenstädter Krone"

www.weingutwagner.de **Plätze (innen/außen): 83/25**

WEINE

Müller-Thurgau, Bacchus, Kerner, Silvaner, Traminer, Weißer Burgunder, Domina, Regent, Acolon.

KÜCHE

Mittelgroße Karte warm. Kleine Karte kalt. Spezialitäten: Sauerbraten, panierte Bratwürste, Zander auf Linsengemüse mit Kartoffeln.

WEINFEST

Straßenweinfest in Prichsenstadt (2. Wochenende im Jun.), Prichsenstadt leuchtet (um den 11. Nov.).

ANSCHRIFT

Karlsplatz 11
97357 Prichsenstadt
Tel.: 09383 6549

ÖFFNUNGSZEITEN

Weinverkauf: Nach telefonischer Anmeldung. Gaststätte: Do ab 12 Uhr, Fr ab 16 Uhr, Sa, So und Feiertage ab 11 Uhr.

HÖRT' IHR GÄST' UND LASST EUCH SAGEN:

Auch hier sollt Ihr ein Schlückchen wagen! So oder so ähnlich könnte der Nachtwächter auch singen, der jeden Abend durch das mittelalterliche Prichsenstadt zieht. Denn in der Krone, mitten im Ort, finden sich wiederum leckere Weine, vom Bacchus bis zum Franken Kuss. Dies ist eine Cuvée nach dem Motto: Kerner Und Silvaner Schmeckt! Zu den feinen Weinen ihres Sohnes Martin kredenzt Mama Herta Köstlichkeiten aus der Küche, beispielsweise panierte Bratwürste, die große Spezialität des Hauses, oder auch fränkischen Sauerbraten, den es hier schon mit Nudeln gibt, und nicht mehr mit Kloß, wie ein paar Kilometer weiter auf der bierfränkischen Seite. Nehmen Sie sich ruhig etwas Zeit mit, ein Erkundungsspaziergang durch das mittelalterliche Städtchen lohnt immer!

Prichsenstadt | 50 m

Restaurant Storch

Luitpoldstr. 5-7, 97357 Prichsenstadt
Tel.: 09383 6587

Web: www.gasthof-storch.de

Öffnungszeiten: Fr., Sa., So. ab 11 Uhr, Mi. und Do. ab 17 Uhr

Tipp: Von hier können auch Gesellschafts-Kutschfahrten mit bis zu 50 Pers. unternommen werden. Infos unter: www.kutschefahren.eu

Prichsenstadt | 100 m

Fossiliensammlung Hans Klein

Schulinstraße 28, 97357 Prichsenstadt
Tel.: 09383 9032428

Web: www.kitzinger-land.de

Öffnungszeiten: So. und Feiertage 11 bis 17 Uhr oder nach Vereinbarung

Tipp: Zu sehen sind unter anderem ein Saurierschädel, das größte Ei der Welt oder ein Meteorit vom Mond.

TIPP VOM WINZER

TRAMINER SPÄTLESE UND KERNER SPÄTLESE.

Weingut Baldauf Ramsthal

www.baldaufwein.de **Plätze (innen/außen): 50/8**

WEINE

Silvaner, Weißer Burgunder, Riesling, Müller-Thurgau, Scheurebe, Bacchus, Rieslaner, Gewürztraminer, Morio Muskat, Rieslaner Spätburgunder, Domina, Schwarzriesling.

KÜCHE

Kleine Karte kalt; Spezialitäten: Fränkische Hausmacher Wurst, Fränkischer Dürrplootz.

WEINFEST

Eigenes Hoffest (1. WE im Aug.), Rakoczy-Fest in Bad Kissingen (Ende Jul.).

ANSCHRIFT

Hauptstraße 42, 97729 Ramsthal
Tel.: 09704 1595

ÖFFNUNGSZEITEN

Vinothek: Mo. bis Fr. 9 bis 18 Uhr, Sa. 9 bis 16 Uhr.

LIEBE WIE 1937

1991 übernahmen Gerald und Ralf Baldauf das Weingut, das ihre Eltern Karl-Heinz und Thekla 1966 gegründet hatten. Von Anfang an verstanden sich die Brüder als Team und steckten auch ihre Partnerinnen mit der Wein-Leidenschaft an. „Wir lieben, was wir tun", so das Credo der Winzer, die besonderen Wert auf eine breite Palette an verschiedenen Aromen und Farben in ihren Weinen legen. Ein wichtiges Augenmerk liegt zudem auf dem nachhaltigen und ökologischen Weinbau, für den sie schon zahlreiche Auszeichnungen erhalten haben. Für uns der spannendste Wein war der „Anno 1937", der aus den Trauben eines über 80 Jahre alten Silvaner-Weinberges handgelesen nach alter Tradition gekeltert wird. Hier ist jeder Schluck eine aromatische Zeitreise - großes Kino, wie man heute sagt ...

Ramsthal | 1,5 km

Poetischer Waldwanderweg

Der Weg beginnt in der Weinbergsanlage bei der Statue des Hl. Urbanus und führt den Höhenkamm entlang bis zum Kreuz am Raßthaler Weg.

Web: www.ramsthal.de

Tipp: 17 Gedichte sind auf dem Weg aufgestellt und in ihnen zeigt sich der Kosmos menschlicher Erfahrung aus zwei Jahrhunderten als überraschend aktuell.

Bad Kissingen | 8,6 km

KissSalis Therme

Heiligenfelder Allee 16, 97688 Bad Kissingen
Tel.: 0971 1218000

Web: www.kisssalis.de

Öffnungszeiten: Täglich 9 bis 22 Uhr, Fr. und Sa. 9 bis 24 Uhr

Tipp: ThermenLandschaft, SaunaPark, FitnessArena, WellnessPavillon und Thermenrestaurant, alles für Ihr Wohlbefinden unter einem Dach.

TIPP VOM WINZER

DIE FRÄNKISCHEN KLASSIKER: SILVANER & CO.

Weingut Stefan Bardorf/Bacchusstube

www.weingut-bardorf.com Plätze (innen/außen): 140/60

WEINE

Riesling, Silvaner, Müller-Thurgau Weißburgunder, Bacchus, Sauvignon Blanc, Spätburgunder, Domina, Blaufränkisch.

KÜCHE

Mittelgroße Karte warm und kalt; Spezialitäten: Randersackerer Mostsuppe

WEINFEST

Marktfleckenfest (Ende Jul.).

ANSCHRIFT

Ochsenfurter Straße 4
97236 Randersacker
Tel.: 0170 4020159

ÖFFNUNGSZEITEN

Weingut: Mo. bis So. 9 bis 20 Uhr und nach tel. Vereinbarung.
Bacchusstube: Mo. und Mi. bis Fr. 15 bis 22.30 Uhr, Sa. und So. 11 bis 23.30 Uhr, Di. Ruhetag.

KLEIN ABER OHO

Lediglich drei Hektar umfasst die Rebfläche des erst 1965 gegründeten Weingutes von Stefan Bardorf. Nachdem er den Betrieb von seinem Vater Günther übernommen hatte, konnte er 2015 seinen Traum vom Bio-Weingut umsetzen. Seit diesem Jahr klebt das Siegel auf den ersten Flaschen. Die Fachwelt jubelt über die Weine des kreativen Kopfes. Ganz besonders die Auslesen und der Eiswein (Auszeichnung „Bester Süßwein der Welt") sorgen bei jeder Weinprobe für andächtige Stille. Für Proben und Weinbergsführungen können Sie sich direkt bei Stefan Bardorf melden und einen Termin vereinbaren. Verkostet wird dann in der Bacchusstube im Hotel-Gasthof Löwen. Im dortigen Restaurant gibt es natürlich auch die richtigen Speisen zum Wein - und am nächsten Morgen ein bio-zertifiziertes Frühstück!

Randersacker | 500 m

Fischlehrpfad

97236 Randersacker
Tel.: 0931 705317 (Tourist Info)

Web: www.fraenkisches-weinland.de

Tipp: Vorstellung der wichtigsten Fischarten des Mains auf Bildtafeln mit detaillieren Beschreibungen.

Randersacker | 1,5 km

Altfränkischer Wengert

Würzburger Str. 32, 97236 Randersacker
Tel.: 0931 705317 (Tourist-Info)

Web: www.randersacker.de

Öffnungszeiten: auf Anfrage

Tipp: Auf Anfrage gibt es Führungen zum Altfränkischen Wengert und wer möchte, kann dort eine Probe besten Randersackerer Weines verkosten.

TIPP VOM WINZER

2016 MARSBERG SILVANER ALTE REBEN TROCKEN.

Weingut Steigerwald

www.weingut-steigerwald.de

Plätze (innen/außen): 50/45

WEINE

Müller-Thurgaus, Silvaner, Bacchus, Riesling, Rieslaner, Spätburgunder, Domina.

KÜCHE

Kleine Karte warm und kalt; Spezialitäten: hausgemachte Blaue Zipfel mit Zwiebelsud und Brot

WEINFEST

Tanzplan.Wein.Fest (Mitte Aug.), Ufer.Wein.Fest (1. WE im Jul.).

ANSCHRIFT

Maingasse 6, 97236 Randersacker
Tel.: 0931 700401

ÖFFNUNGSZEITEN

Weingut: Mo. bis Fr. 10 bis 18 Uhr, Sa., So. und Feiertage nach tel. Vereinbarung. Schoppenstüble: Siehe Website.

STEIGERWALD IN RANDERSACKER

Hier ganz am westlichen Rand des Steigerwaldes betreibt die gleichnamige Familie ihr Weingut. Dabei arbeiten drei Generationen, Katharina und Uwe, ihre Kinder Sabine und Florian sowie die Großeltern, Hand in Hand im Einklang mit der Natur, um ihren typischen Frankenweinen Müller-Thurgau und Silvaner ihren Charakter zu verleihen. Aber auch Besonderheiten wie der Rieslaner und internationale Sorten wie der Spätburgunder gehören zum Angebot. Die edlen Tropfen schmecken im Schoppenstüble besonders fein, denn es werden echte Klassiker wie Blaue Zipfel, Kaiserschmarrn und Pfeffernüsse dazu serviert.

Randersacker | 100 m

Place de Vouvary

97236 Randersacker

Web: www.randersacker.de

Öffnungszeiten: 24 Std./7 Tage

Tipp: Exakt ausgerichtet in Richtung Pavillon glänzt der neue Brunnen „Balthasars Badewanne" auf dem ebenfalls neu gestalteten „Place de Vouvray" - ein wahrer Hingucker.

Randersacker | 1,9 km

„Kartoffelturm"

97236 Randersacker

Web: www.randersacker.de

Öffnungszeiten: 24 Std./7 Tage

Tipp: Gigantische Aussicht hinein in das Maintal bis nach Würzburg zur Festung Marienberg. Spannend wird die erdgeschichtliche Phase der Fränkischen Trias dargestellt.

TIPP VOM WINZER

2016 „ALTE REBEN" SILVANER KABINETT TROCKEN.

Weingut Rudolf May

www.weingut-may.de Plätze (innen/außen): 0/0

WEIN MIT HINGABE

Die filigranen Muschelkalkböden an den Steilhängen des Mains rund um Thüngersheim sind eine echte Herausforderung für Rebe und Winzer. Schließlich muss die Pflanze bei den kargen Böden jeden Tag aufs Neue ein Lebenskünstler sein, mit der zarten, aber eben nicht übermäßigen Unterstützung des Fachmanns, damit Textur und Säure, gerade beim Silvaner, ihre Eigenart behalten. Rudolf May hat sich selbst die Latte sogar noch etwas höher gelegt. Seit 2016 bewirtschaftet er seinen Wein nach den Richtlinien des ökologischen Landbaus, was den Verzicht auf die moderne Landwirtschaftstechnologie bedeutet. Und auch im Keller setzt er auf „kontrolliertes Nichtstun", um die Weine so natürlich wie möglich zu halten. Was soll man sagen: Der Erfolg gibt ihm Recht!

WEINE

Silvaner, Grauburgunder, Weißburgunder, Riesling, Müller-Thurgau, Spätburgunder.

WEINFEST

Straßenweinfest (3. WE im Aug.).

ANSCHRIFT

Im Eberstal 1, 97282 Retzstadt
Tel.: 09364 5760

ÖFFNUNGSZEITEN

Weingut: Mo. bis Fr. 10 bis 18 Uhr, Sa. 10 bis 15 Uhr.

Thüngersheim | 5,5 km

Landgasthof Zum Bären

Kirchgasse 1, 97291 Thüngersheim
Tel.: 09364 7267

Web: www.zum-baeren.franken-regio.de

Öffnungszeiten: auf Anfrage

Tipp: Gehobene fränkische Küche mit Spezialitäten von Wild und Fisch.

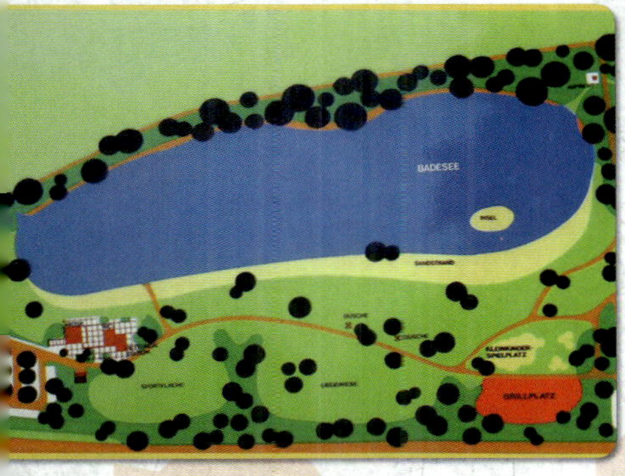

Erlabrunn | 9,2 km

Badesee Erlabrunn

97250 Erlabrunn

Web: www.weinort-erlabrunn.de

Tipp: Ein Paradies für Kinder und Familien, da der See relativ flach beginnt und einige Attraktionen zu bieten hat, wie eine Seilbahn, die zu einer kleinen Insel führt.

TIPP VOM WINZER

„SILVANER RETZSTADT - VDP.ORTSWEIN."

Weingut und Häckerstube Vollhals

www.weingut-vollhals.de **Plätze (innen/außen): 100/100**

WEINE

Silvaner, Bacchus, Müller-Thurgau, Scheurebe, Grauburgunder, Riesling, Regent, Dornfelder, Domina.

KÜCHE

Kleine Karte warm und kalt; Spezialitäten: Winzerbrot mit Käse überbacken.

WEINFEST

Weinfest Rödelsee (1. WE im Jul.). Hofschoppenfest (Letztes WE im Jul.).

ANSCHRIFT

Crailsheimstraße 3
97348 Rödelsee
Tel.: 09323 3738

ÖFFNUNGSZEITEN

Weinverkauf: Mo. bis Fr. 8 bis 12 Uhr und 13 bis 18 Uhr, Sa. 8 bis 17 Uhr, So. 9 bis 15 Uhr. Häckerstube: Siehe Website.

KNOWHOW OHNE ENDE

Das haben Vater und Sohn Vollhals in Rödelsee. Winzer sind sie beide, Vater Erwin dazu gelernter Weinküfer und sein Sohn Jens Weinbautechniker. Der Küfer kümmert sich vor allem um den Ausbau des Weines und den perfekten Füllzeitpunkt, wenn der Wein seinen Reifehöhepunkt erreicht hat. Dieses Wissen hat in Franken eine neue Renaissance, seitdem auch hier Barrique-Weine ausgebaut werden. Und natürlich lässt es der Vater nach wie vor in den Betrieb einfließen, auch wenn Jens seit 2012 den Betrieb alleine führt Der konnte wiederum umfangreiche Erfahrung im Ausland sammeln, die die Weine des Hauses seitdem ungemein bereichert hat. Dies schmeckt man hier auch besonders bei den Spezialitäten Riesling-, Grauburgunder- und Domina-Spätlese, jeweils als Barrique-Ausbau.

Rödelsee | 500 m

Schloss Crailsheim

Schloßstraße 2, 97348 Rödelsee
Tel.: 09323 3416

Web: www.roedelsee.de

Öffnungszeiten: auf Anfrage

Tipp: Das Schloss wurde 1954 von der Winzergemeinschaft Franken erworben. Seitdem dienen die vortrefflichen Kellerräume dem Ausbau und der Lagerung der guten Rödelseer Weine.

Kitzingen | 6,7 km

Deutsches Fastnachtmuseum

Luitpoldstraße 4, 97318 Kitzingen
Tel.: 09321 23355

Web: www.deutsches-fastnachtmuseum.byseum.de

Öffnungszeiten: Di. bis So. 13 bis 17 Uhr

Tipp: Kinder können sich entweder selbst verkleiden oder mit einem Quiz das Museum kennenlernen. Das Museum ist daher ein ideales Ausflugsziel für Familien.

TIPP VOM WINZER

„DER SILVANER, DA BESONDERS VIELFÄLTIG."

GLOCKE Weingut und Hotel

www.glocke-rothenburg.de Plätze (innen/außen): 120/0

WEINE

Johanniter, Silvaner, Riesling, Rieslaner, Bacchus, Müller-Thurgau, Scheurebe, Faberrebe, Perle, Weißer Burgunder, Grauer Burgunder, Muskateller, Gewürztraminer, Grüner Veltliner, Albalonga, Ortega, Junker, Kristaller, Adelfränkisch, Kleinberger, Muskatsylvaner, Regent, Spätburgunder, Frühburgunder, Schwarzriesling, Samtrot, Domina, Cabernet Dorsa, Cabernet Mitos, Blaufränkisch, Tauberschwarz, Muskattrollinger, Blauer Elbling, Süßschwarz, Affenthaler, Hartblau.

KÜCHE

Mittelgroße Karte warm und kalt; Spezialitäten: Saure Nierle mit hausgemachten Spätzle und Salat.

WEINFEST

Winzerfest (Ende Jul.).

ANSCHRIFT

Plönlein 1,
91541 Rothenburg ob der Tauber
Tel.: 09861 958990

ÖFFNUNGSZEITEN

Weingut: Ganzjährig Mo. bis So. 10 bis 18 Uhr. Restaurant: Ende Jan. bis 22. Dez.: Mo. bis Sa. 11 bis 23 Uhr, So. 11 bis 14 Uhr.

DIE SÜDLICHSTEN WEINBERGE FRANKENS

In der Touristenhochburg Rothenburg dachten wir nicht, ein solches Juwel zu finden. Doch Albert Thürauf und seine Glocke haben uns absolut begeistert. Nicht nur, dass es hervorragende Weine und einen wunderschönen kleinen Laden zu erkunden gibt. Auf den südlichsten Weinbergen Frankens wachsen hier über 160 historische, teils ausgestorben geglaubte Reben mit Namen wie Lämmerschwanz, Gänsfüßer oder Geißdutte. Deswegen lohnt sich nicht nur eine Verkostung (z.B. im Holzfasskeller), sondern vor allem auch eine Führung durch das Refugium von 1.200 Jahren Weinkultur. Wer möchte, kann den Rebsorten-Lehrpfad auch auf eigene Faust erkunden, doch spätestens zur Verkostung müssen Sie wieder zurück an diese historische Stätte kommen.

Rothenburg o.d. Tauber | 260 m

Mittelalterliches Kriminalmuseum

Burggasse 3-5, 91541 Rothenburg
Tel.: 09861 5359

Web: www.kriminalmuseum.eu

Öffnungszeiten: siehe Website

Tipp: Erkundigen Sie sich rechtzeitig über interessante Sonderausstellungen auf der Website.

Rothenburg o.d. Tauber | 450 m

Rothenburger Turmweg

22 Stationen um die Stadtmauer und vier der ersten Stadtbefestigungen in der Altstadt. Länge: ca. 4 km, weitgehend barrierefrei, Dauer: ca. 2-2,5 Stunden

Web: www.rothenburg-tourismus.de

Tipp: Start an jeder Station möglich – keine erzwungene Reihenfolge – frei zugänglich und jederzeit nutzbar.

TIPP VOM WINZER

DIE „HÖCHSTEN" WEINE DER TAUBER UND FRANKENS.

Weingut Udo Engelhardt

www.weingut-engelhardt.de

Plätze (innen/außen): 50 (- 100)/30

WEINE

Müller-Thurgau, Silvaner, Bacchus, Weißburgunder, Tauberschwarz, Schwarzriesling, Dornfelder, Acolon, Zweigelt.

KÜCHE

Kleine Karte warm und kalt; Spezialitäten: Mostsuppe mit Zimtcroutons

WEINFEST

Hofschoppenfest (Pfingsten).

ANSCHRIFT

Kirchplatz 18, 97285 Röttingen
Tel.: 09338 993500

ÖFFNUNGSZEITEN

Weinverkauf: Ganzjährig nach Anmeldung möglich.
Heckenwirtschaft: Erste 3 Wochenenden im Mär., Fr. und Sa. ab 18 Uhr, So. ab 15 Uhr sowie für Gruppen nach Anmeldung.

KLEIN, ABER SCHWARZ

Der Familienbetrieb von Udo Engelhardt bewirtschaftet nur vier Hektar Rebfläche, aber gehört dennoch zu den Protagonisten der Branche. Denn Udo war der erste, der die alte Rebe des Taubertales, die Sorte Tauberschwarz, in Bayrisch-Franken wieder zum Leben erweckte. 1959 galt dieser Wein als ausgestorben, als im Vorbachtal noch 400 alte Rebstöcke Tauberschwarz entdeckt wurden. Nach und nach fanden die Winzer wieder zu ihrer alten, einheimischen Rebe, und heute wächst sie wieder auf knapp 15 Hektar Fläche in Franken, Württemberg und Baden. Neben diesem leichten und fruchtigen Wein bietet Udo Engelhardt natürlich auch noch andere Sorten, und für alle Fans des geistigen Genusses hat er auch einen Weinhefe- und einen Tresterbrand im Angebot.

Röttingen | 220 m

Weinstube Zum Feuerstein

Untergasse 25, 97285 Röttingen
Tel.: 09338 1088

Web: www.weinstube-zum-feuerstein.de

Öffnungszeiten: Mo. bis Sa. 11.30 bis 14 Uhr und 17 bis 21.30 Uhr, So. und Feiertag 10 bis 21.30 Uhr, Mi. Ruhetag

Tipp: Etwas ganz Besonderes – originelle „Mottotorten" als Geschenk für spezielle Anlässe.

Röttingen | 350 m

Burg Brattenstein

Lagerweg, 97285 Röttingen
Tel.: 09338 972855 (Tourist-Info)

Web: www.roettingen.de

Öffnungszeiten: auf Anfrage

Tipp: Seit 1984 bilden der Burghof und die Zehntscheune, alljährlich im Sommer, die malerische Kulisse für das bekannte Freilichttheater.

TIPP VOM WINZER

WIR EMPFEHLEN EINE KOSTPROBE TAUBERSCHWARZ.

Winzerhof Fries

www.winzerfamiliefries.de **Plätze (innen/außen): 65/55**

WEINE

Silvaner, Müller-Thurgau, Riesling, Bacchus, Weißburgunder, Tauberschwarz, Schwarzriesling, Domina.

KÜCHE

Kleine Karte warm und kalt; Spezialitäten: Winzerbraten mit Rösti.

WEINFEST

Röttinger Weinfest (Pfingsten), Hoffest (Fronleichnam).

ANSCHRIFT

Herrnstraße 18, 97285 Röttingen
Tel.: 09338 413

ÖFFNUNGSZEITEN

Weinverkauf: Ganztägig (oder nach Vereinbarung).
Weinstube: Mi. bis Sa. ab 17 Uhr, So. ab 12 Uhr, Mo. und Di. Ruhetag.

MIT PROFI-PRINZESSIN

Schon in der dritten Generation baut die Winzerfamilie Fries ihre Reben im Taubertal an und aus. Neben trockenen Weißweinen gehört auch die regionale Sorte Tauberschwarz dazu, die wir Ihnen auf jeden Fall ans Herz legen möchten. Tochter Michéle amtierte bis 2018 als Weinprinzessin, ist aber auch gelernte Winzerin und Weintechnologin. Gemeinsam mit ihr und ihrem Vater Winfried können Sie auf eine spannende Weinbergswanderung gehen, optional mit einer kleinen Wegverkürzung auf dem urigen Traktoranhänger. Dabei lernen Sie dann den naturnahen Anbau sowie die guten Tropfen des Hauses kennen - ein echtes Erlebnis!

Röttingen | 550 m

Museumsweinberg

97285 Röttingen
Tel.: 09338 972855 (Tourist Info)

Web: www.roettingen.de

Öffnungszeiten: auf Anfrage

Tipp: Aus den Trauben des Museumsweinberges wird ein gemischter Satz gewonnen, den Sie im Weinmuseum während Ihrer Besichtigung probieren können.

Röttingen | 280 m

Sonnenuhrenweg

Marktplatz 1, 97285 Röttingen
Tel.: 09338 972855 (Tourist Info)

Web: www.roettingen.de

Tipp: Führung und Terminvereinbarungen über die Tourist-Info 09338 9728-55 oder direkt beim Gästeführer Helmut Cerdini 09338 980033.

TIPP VOM WINZER

UNSER TAUBER-SCHWARZ UND SILVANER.

Hotel-Weingut Goger

www.hotel-weingut-goger.de

Plätze (innen/außen): 225/0 (zus. Saal mit 200)

WEINE

Bacchus, Müller-Thurgau, Silvaner, Kerner, Riesling, Scheurebe, Gewürztraminer, Grauburgunder, Portugieser, Schwarzriesling, Dornfelder, Regent, Cabernet Dorsa, Cabernet Sauvignon.

KÜCHE

Große Karte warm und kalt; Spezialitäten: Winzerplatte.

WEINFEST

Wein- und Bremserfeste (im Herbst), Sander Altmainweinfest (Anfang Jul.).

ANSCHRIFT

Hauptstraße 28
97522 Sand am Main
Tel.: 09524 227

ÖFFNUNGSZEITEN

Restaurant: Fr. bis Mo. ganztägig, Di. und Mi. ab 16.30 Uhr, Do. Ruhetag, für Gruppen ab 20 Pers. auch außerhalb dieser Zeiten. Ende Jan./Anfang Feb. Betriebsurlaub.

PRINZESSIN AM KRONBERG

Ursprünglich servierte Schuster Johann Goger, der am 9. März 1866 zu Zeiten des Königlich Bayerischen Amtsgerichtes sein Gasthaus eröffnete, ausschließlich Bier. Es sollte sein Enkel sein, der dann in den 1920er Jahren begann, eigenen Wein von der örtlichen Lage „Kronberg" auszubauen. Die Gäste fanden das prima, und so verlegte er sich immer mehr auf den Rebensaft und baute in den 1960er Jahren einen eigenen Tanzsaal in den Gasthof. Sein Sohn Karl schließlich ergänzte weitere Weinberge in den Lagen Himmelsbühl und Schlossberg Zell, was dem Betrieb den Titel „Weingut" bescherte. 1996 übergab er schließlich den Stab an seinen Sohn Stefan, der da gerade seine Ausbildung zum Koch und Winzer abgeschlossen hatte. Und auch hier arbeitet schon die nächste Generation an der Zukunft: Tochter Elisabeth ist Weinprinzessin des Abt-Degen-Tals und Sohn Karl Maximilian lernt im Julius-Spital in Würzburg.

Eltmann | 2,3 km

Wallfahrtskirche Maria Limbach

Zur Wallfahrtskirche 23, 97483 Eltmann
Tel.: 09522 340

Web: www.wallfahrt.bistum-wuerzburg.de

Öffnungszeiten: auf Anfrage

Tipp: Der überbordende barocke Stuck und die prächtige Innenausstattung rauben dem Besucher beim ersten Eintreten beinahe den Atem.

Eltmann | 10 km

Burg Wallburg

Liegt auf einem 311,5 m ü. NN hohen Ausläufer des Steigerwaldes südlich von Eltmann

Web: www.burgenarchiv.de

Tipp: Die Burg ist eine Zwischenstation für Wanderer, so dass für diese Bänke und Tische zum Verschnaufen aufgestellt wurden. Picknick mit Aussicht ist also angesagt!

TIPP VOM WINZER

„BACCHUS" - DER PRINZESSINNENWEIN DES HAUSES.

Weingut A. & E. Rippstein

www.weingut-rippstein.de

Plätze (innen/außen): 50/30

WEINE

Silvaner, Weißburgunder, Müller-Thurgau, Riesling, Bacchus, Kerner, Domina, Merlot.

KÜCHE

Mittelgroße Karte warm und kalt; Spezialitäten: Carpaccio mit Kürbiskernöl und Balsamicodressing

WEINFEST

Sommerweinfest (2. WE im Aug.). Wein und Main in Sand (letztes WE im Mai/Anfang Jun.).

ANSCHRIFT

Sandgasse 26
97522 Sand am Main
Tel.: 09524 1341

ÖFFNUNGSZEITEN

Weinverkauf: Jederzeit nach Tel. ischer Vereinbarung.
Heckenstube: Okt. bis Mär., Fr. und Sa. ab 17 Uhr, So. und Feiertage 15 Uhr, siehe Website.

REKORDVERDÄCHTIG

Mit einer Goldprämierungsquote von 80% liegt das Weingut Rippstein in der Spitzengruppe der fränkischen Weingüter, zudem erhielten die Winzer bereits dreimal hintereinander den Bayerischen Staatsehrenpreis. Und doch ist man hier auf dem Boden geblieben. Zum Beispiel werden Wurst und Kuchen noch selbst hergestellt, darunter der weithin bekannte Sander Käsekuchen. Sehr fein fanden wir auch die Schinkenspezialitäten, beispielsweise vom Wildschwein, einmariniert in Himbeer-Walnussöl, oder vom Galloway-Rind. Ganz hautnah erlebt man die Rippsteins jedes Jahr am zweiten Augustwochenende, wenn das dreitägige Sommerfest ansteht.

Sand am Main | 200 m

Bier- und Weingarten Storchenkeller am Altmain

Fischerweg, 97522 Sand a. Main
Tel.: 09524 6824

Web: www.bierstrasse-franken.de

Öffnungszeiten: Mo. bis So. ab 14 Uhr.

Tipp: Besonders empfehlenswert sind hier die leckeren frischen Hausmacher Brotzeiten und der selbst gemachte Kochkäse!

Sand am Main | 200 m

Wanderung S1 „Rund um den Altmain"

Ausgangspunkt der Wanderung: am gemeindlichen Bauhof in der Seestraße in Richtung Osten. Länge: ca 4 km.

Web: www.sand-am-main.de

Tipp: Die einzelnen Hinweistafeln beschreiben die Flora und Fauna am Altmaingewässer. Der Wanderweg ist ohne Erhöhung und leicht zu gehen.

TIPP VOM WINZER

SANDER SILVANER UND WEISS-BURGUNDER.

Weingut - Weingarten Gottschalk

www.gottschalk-weingut.de Plätze (innen/außen): 70/100

WEINE

Bacchus, Grüner Silvaner, Müller-Thurgau, Scheurebe, Sauvignon Blanc, Weißer Burgunder, Grauburgunder, Blauer Silvaner, Domina, Regent, Pinotin.

KÜCHE

Mittelgroße Karte warm und kalt; Spezialitäten: Antipasti-Teller, Frankenteller, Vitello Tonnato.

WEINFEST

Pfingstweinfest (Pfingsten), Wein und Main in Sand (Ende Mai/Anf. Jun.), Altmainweinfest in Sand (2. WE im Jul.).

ANSCHRIFT

Steigerwaldstraße 41
97522 Sand am Main
Tel.: 09524 3336

ÖFFNUNGSZEITEN

Weinverkauf: Täglich nach vorheriger Absprache.
Weinlokal: Fr. ab 17 Uhr, Sa. ab 15 Uhr, So. und Feiertage ab 14 Uhr.

INTERESSANTE EXPERIMENTE

Sand und Zeil am Main bilden die östliche Speerspitze des fränkischen Weinbaus und haben in der Regel außergewöhnliche Weine zu bieten. Oliver Gottschalk hat sich nicht nur auf die fränkischen Klassiker konzentriert, sondern baut auch ganz neue Reben-Züchtungen an. Ein gutes Beispiel ist die Pinotin-Traube, die erst seit 2010 in die offizielle Klassifizierung aufgenommen wurde. Heraus kommt dabei ein erstaunlich milder, sehr fruchtiger Wein mit intensiven Kirschennoten. Insbesondere der Jahrgang 2018 verspricht hier sehr viel, denn die strahlende Sonne hat die Trauben ganz besonders verwöhnt. Kenner können hier auch einen so genannten Orange Wine verkosten. Dabei handelt es sich um Weißwein, der aber aus den Trauben wie ein Rotwein hergestellt wird. Das Ergebnis ist sehr nahe am Ur-Wein der vor Tausenden von Jahren in Georgien gekeltert wurde.

Sand am Main | 1,1 km

Heckenwirtschaft Ullrich

Sandgasse 10, 97522 Sand am Main
Tel.: 09524 300430

Web: www.heckenwirtschaftullrich.de

Öffnungszeiten: siehe Website

Tipp: Lecker Wein und super leckerer Kochkäse.

Sand am Main | 1,6 km

Weingut Bernhard Rippstein

Anger 14, 97522 Sand am Main
Tel.: 09524 5167

Web: www.rippstein.de

Öffnungszeiten: Do. bis Fr. 14 bis 18 Uhr, Sa. 9 bis 16 Uhr

Tipp: Verschiedene Weinfeste laden hier besonders ein, erkundigen Sie sich auf der Website nach aktuellen Terminen!

TIPP VOM WINZER

GRAUBURGUNDER, SAUVIGNON BLANC, PINOTIN.

Weingut und Winzerstube Schilling

www.weinbau-schilling.de **Plätze (innen/außen): 100/70**

WEINE

Silvaner, weißer Burgunder, Traminer, Bacchus, Müller-Thurgau, Domina, Dornfelder.

KÜCHE

Kleine Karte warm und kalt; Spezialtäten: Häckersteak (Schweinerückensteak auf Brot mit Röstzwiebeln und Spiegeleiern, dazu Salatbouquet.

WEINFEST

Jährlich immer unterschiedliche kleinere Veranstaltungen im Hof.

ANSCHRIFT

Frankenstraße 7, 97342 Seinsheim
Tel.: 09332 4515

ÖFFNUNGSZEITEN

Weinverkauf: Jederzeit nach tel. Vereinbarung möglich.
Winzerstube: Jul. bis Nov. und nach Fasching bis Mai: Sa. und So. ab 15 Uhr.

VIER OSCARS FÜR DEN WEIN

Bei den Schillings hat jeder in der Familie eine Hauptrolle, und jeder würde von den Gästen mit einem Oscar ausgezeichnet, wenn sie diese Trophäe vergeben könnten. Die Rollenverteilung ist dabei ganz klar: Mama Evi kämpft mit all ihrer Erfahrung täglich sehr erfolgreich mit Herd und Kochtöpfen, um auch noch die feinsten Gaumenschmeichler herauszukitzeln. Papa Klaus hingegen kümmert sich um den Weinberg - und die zahlreichen Ideen seines weiblichen Dreigestirns. Tochter Sophia sprüht vor Kreativität, insbesondere, was den Weinkeller und die Reben angeht, während ihre Schwester Julia sicherstellt, dass bei den Kunden die Teller und Gläser immer mit Liebe gefüllt sind. Nebenbei entstehen auch noch hochklassige Brände, für deren Destillation sich Klaus immer für ein paar erholsame Stunden in seine Brennerei zurückziehen kann.

Seinsheim | 550 m

Weinbau Kernwein

Oberes Tor 3, 97342 Seinsheim
Tel.: 09332 4296

Web: www.weinbau-kernwein.de

Öffnungszeiten: auf Anfrage

Tipp: Mit dem Fahrrad durch das Weinparadies! Viele überörtliche Radwege führen Sie vorbei an schönen Sehenswürdigkeiten durch die Weinberge bis zum Maintal.

Naturwaldreservat Wolfsee | 12,7 km

Naturwaldreservat Wolfsee

Ausgangspunkt der Wanderung: Zweite rechte Abzweigung Richtung Norden vom Forsthaus Iphofen. Länge: 2,4 km, Dauer: ca. 40 Min.

Web: www.wanderkompass.de

Tipp: Bei verschiedenen Aktionspunkten kann man mehr zum Thema Wald erfahren, auf den Naturerlebniswegen wird es bestimmt nicht langweilig.

TIPP VOM WINZER

SILVANER, TRAMINER UND EIN TROCKENER BACCHUS.

Weingut Münch

www.weingut-sommerach.de

Plätze (innen/außen): 150/100

WEINE

Silvaner, Müller-Thurgau, Bacchus, Riesling, Scheurebe, Weißer Burgunder, Grauburgunder, Sauvignon Blanc, Traminer, Domina, Frühburgunder, Spätburgunder, Sankt Laurent, Dornfelder, Merlot.

KÜCHE

Mittelgroße Karte warm und kalt; Spezialität: knuspriges Schäufele

WEINFEST

„Stil & Faszination" (1. WE im Jul.).

ANSCHRIFT

Sankt-Urban-Weg 4
97334 Sommerach
Tel.: 09381 9101 (Weingut) oder 09381 847684 (Gasthof zum Schwan)

ÖFFNUNGSZEITEN

Weinverkauf: Mo. bis Sa. 8 bis 18 Uhr, So. und Feiertage 9 bis 17 Uhr, in den Wintermonaten nach Absprache. Gasthof zum Schwan: Siehe Website.

MIT DER RIKSCHA IN DEN WEINBERG

Ja, auch das ist möglich. Zumindest hier bei der Winzerfamilie Münch, bei der die Rikscha jederzeit geliehen werden kann – den Fahrer muss man allerdings selber geben. Das 300 Jahre alte Barockhaus zählt zu den schönsten historischen Gasthäusern in ganz Bayern (dekoriert mit dem bayerischen Staatsehrenpreis) und ist unter anderem wegen des Vierjahreszeitenstucks und des Gewölbesaals mit seinen Gemälden absolut sehenswert. In der Tradition der ehemaligen Besitzer, deren viele Töchter dem Haus den Spitznamen „Schmittsmädchen" einbrachten, haben auch die Münchs drei Kinder (davon zwei Töchter), die allesamt schon in Richtung Fortsetzung des Familienbetriebes streben. Die älteste Tochter, Lena, kümmert sich als studierte „Food-Managerin" um den Gasthof, während Bruder Andreas als Weinbautechniker die Rebstöcke betreut. Nesthäkchen Hannah informiert als Tourismuskauffrau derweil die Kunden und alle, die es werden wollen und auch sollen.

Sommerach | 150 m

Die Tüncherei

Zum Engelsberg 1, 97334 Sommerach
Tel.: 09381 8479000

Web: www.die-tuencherei.de

Öffnungszeiten: siehe Website

Tipp: Selbstgebackene Kuchen und frische Limonaden sind nur der Anfang auf einer sehr liebevoll gefüllten Karte.

Schwarzach am Main | 5,1 km

Schwab's Landgasthof

Bamberger Str. 4, 97359 Schwarzach
Tel.: 09324 1251

Web: www.landgasthof-schwab.de

Öffnungszeiten: siehe Website

Tipp: In den Sommermonaten laden die Sitzplätze im Weingärtchen zum Genießen und Verweilen ein.

TIPP VOM WINZER

DER MAINKIND SILVANER IM BOCKSBEUTEL.

Weingut Johann Streng

www.weingut-streng.de Plätze (innen/außen): 30/50

ÜBER EIN JAHRZEHNT BIO-WEIN

Seit mehr als zehn Jahren setzen Karl und Josef Streng auf Bio-Weine. Dafür lassen sie im Weinberg konsequent nur die reifen und gesunden Trauben hängen und pressen Sie anschließend bei der Kelterarbeit besonders schonend ab - getreu dem Motto: „Große Weine sind wie kleine Kinder". Ist der Most danach geklärt, erhält der Wein eine lange Zeit für eine vollständige Gärung, wobei die Feinhefelagerung für das aromatische Finale verantwortlich ist. Dieser Prozess wiederholt sich jährlich aufs Neue und wurde hier schon mit zahlreichen Medaillen und Prämierungen bedacht. Bei einer Weinprobe zeigen Ihnen die Winzer zudem ihre Erfahrung beim Dekantieren auch von Weißwein - und bei der richtigen Temperatur- und Glaswahl. Hier kann man noch richtig viel Lernen!

WEINE

Silvaner, Bacchus, Müller-Thurgau, Riesling, Weißburgunder, Scheurebe, Domina, Merlot, Dornfelder, Traminer, Spätburgunder.

ANSCHRIFT

Weinstraße 1
97334 Sommerach
Tel.: 09381 2823

ÖFFNUNGSZEITEN

Weinverkauf: Mo. bis Fr. 10 bis 12 Uhr und 13 bis 18 Uhr, Sa. und So. 10 bis 12 Uhr und 13.30 bis 16 Uhr.

Volkach | 5,4 km

Barockscheune

Weinstraße 7, 97332 Volkach
Tel.: 09381 40112

Web: www.museum-barockscheune.de

Öffnungszeiten: siehe Website

Tipp: Hier finden ständig wechselnde Sonderausstellungen und Museumsaktivitäten, Lesungen, Konzerte und andere kulturelle Angebote statt (siehe Website).

Volkach | 8,5 km

Vogelsburg

Vogelsburg 1, 97332 Volkach
Tel.: 09381 7108970

Web: www.vogelsburg-volkach.de

Öffnungszeiten: Täglich 11.30 bis 22 Uhr

Tipp: Ein einzigartiger Panoramablick über die Weinberge und auf die Mainschleife, die komplett restaurierte Burganlage bietet den perfekten Rahmen für Veranstaltungen.

TIPP VOM WINZER

UNSER SILVANER UND WEISSBURGUNDER.

Weingut Artur Steinmann im Pastoriushaus

www.artur-steinmann.de

Plätze (innen/außen): 40/20

HORT DER PIONIERE

Im Pastoriushaus erblickte vor gut 350 Jahren der wohl berühmteste Sohn Sommerhausens das Licht der Welt: Franz Daniel Pastorius wanderte 1682 nach Amerika aus und gründete ein Jahr später mit 13 deutschen Familien aus Krefeld nahe Pennsylvania Germantown, die erste deutsche Siedlung in den USA. Der Schriftsteller fungierte auch als Lehrer und unterrichtete natürlich auch die Handwerkskunst, die er als Kind täglich begleitet hatte, den Weinbau. An dieser historischen Stätte wirken heute Artur und Elfriede Steinmann mit ihren drei Kindern Lukas, Anna und Steffi. Sie haben den Weinbau nicht minder verinnerlicht als ihr ausgewanderter Vorgänger und in ihrem Weingut den wohl schönsten Weinkeller Sommerhausens erschaffen. Die ganze Geschichte und vor allem die guten Weine des Hauses erleben Sie bei einer stimmungsvollen Weinprobe, zu der die Steinmanns regelmäßig laden.

WEINE

Silvaner, Müller-Thurgau, Riesling, Weißer Burgunder, Bacchus, Scheurebe, Traminer, Spätburgunder, Domina, Zweigelt, Dornfelder.

WEINFEST

Kleines Weinfest im Sommerhausen (Pfingstwochenende, Sa. bis Mo.), Weinfest im Schloßgarten in Hanau (2. WE im Aug., Do. bis So.).

ANSCHRIFT

Plan 4, 97286 Sommerhausen
Tel.: 09333 90460

ÖFFNUNGSZEITEN

Weingut: Mo. bis Sa. 8 bis 12 Uhr und 13 bis 18 Uhr, So. und Feiertage 9 bis 12 Uhr.

Sommerhausen | 1,4 km

Weingut Wagner – Sonnenhof

Sonnenhof 1, 97286 Sommerhausen
Tel.: 09333 431

Web: www.wagner-sonnenhof.de

Öffnungszeiten: Mo. bis Fr. 8 bis 12 und 13 bis 18 Uhr, Sa. 8 bis 12 und 13 bis 17 Uhr

Tipp: Auf der Anhöhe habe Sie einen herrlichen Blick über den ganzen Ort.

Sommerhausen | 1,5 km

Tierpark Sommerhausen

An der Tränk, 97286 Sommerhausen
Tel.: 09333 902810

Web: www.tierparksommerhausen.de

Öffnungszeiten: siehe Website

Tipp: Tiere zum Streicheln und Füttern, Natur pur, Spannung und Abenteuer.

TIPP VOM WINZER

IM HOLZFASS GEREIFTER SILVANER KABINETT TROCKEN.

Zum Goldenen Ochsen

www.goldenen-ochsen.de **Plätze (innen/außen): 80/16**

WEINE

Silvaner, Müller-Thurgau, Rieslaner, Domina, Spätburgunder.

KÜCHE

Mittelgroße Karte warm und kalt; Spezialitäten: Ochsenzunge, Sauerbraten „fränkisch eingelegt".

WEINFEST

Sommerhäuser Winzerfest (1. Mai).

ANSCHRIFT

Hauptstraße 24
97286 Sommerhausen
Tel.: 09333 203

ÖFFNUNGSZEITEN

Weingut: Mo. und Do. bis So 8 bis 22 Uhr, Di. und Mi. 8 bis 11 Uhr und nach Vereinbarung.
Restaurant: Mo. und Do. bis So. ab 11 Uhr, Di. und Mi. Ruhetag.

GESANG IN DER RIESLANERSTUBE

Der Goldene Ochse ertönt regelmäßig, wenn die Mitglieder der hiesigen Liedertafel in der Rieslanerstube ihre Kehlen trocken singen. Natürlich nicht, ohne anschließend wieder für die nötige Befeuchtung mittels der leckeren Weine von den hauseigenen Weinbergen zu sorgen. Wenn Sie hier vorbei kommen, sollten Sie am besten den Namensgeber der Gesangsstube verkosten. Auf die Geschichte der 1843 gegründeten Sängergemeinschaft stoßen Sie übrigens auch bei einer Weinbergswanderung. Denn die Sangesbrüder wanderten auch gerne und erbauten sich für ihre weinseligen Rasten ein eigenes kleines Häuschen (das Düllshäuschen) am Weinbergsrand (Folgen Sie der Markierung „Wanderweg der Ortsgeschichte"). Wenn Sie mehr über den Rebensaft der Sommerhausener lernen wollen, empfiehlt sich eine Weinführung mit der Tochter des Hauses (und ehemaligen Weinprinzessin) Heike Decker.

Sommerhausen | 170 m

Torturmtheater

Hauptstraße 1, 97286 Sommerhausen
Tel.: 09333 268

Web: www.torturmtheater.de

Öffnungszeiten: auf Anfrage

Tipp: Das Torturmtheater ist ein Wallfahrtsort für Theaterfreunde, die das Besondere lieben.

Sommerhausen | 200 m

Nachtwächterführung

Treffpunkt um 20.30 Uhr am Rathaus
Kosten: €5/Person.

Web: www.sommerhausen.de

Tipp: Anmeldung bei der Tourist-Information unter 09333 8256 oder touristinfo@sommerhausen.de

TIPP VOM WINZER

RIESLANER UND ROTLING AUS SOMMERHAUSEN

Weingut Wagner

www.wagnerwein.de | Plätze (innen/außen): 60/90

WEINE

Sauvignon blanc, Chardonnay, Müller-Thurgau, Silvaner, Kerner, Bacchus, Domina, Schwarzriesling, Dornfelder, Acolon.

KÜCHE

Mittelgroße Karte warm und kalt; Speziallitäten: Roher Schinken vom Freilandschwein

WEINFEST

Bremserfest (2. WE im Sep.), Weinfest des TSV Staffelbach (Anfang Jun.).

ANSCHRIFT

Hallstadter Straße 5
96173 Oberhaid-Staffelbach
Tel.: 09503 8771

ÖFFNUNGSZEITEN

Weinverkauf: Mi. 13 bis 17 Uhr, Do. bis Sa. 10 bis 17 Uhr. Heckenwirtschaft: genaue Termine siehe Website.

TIEF IM OSTEN

Am östlichen Ende des Weinbaugebietes Franken befindet sich das Haus „Barthel". Der Hausname ist abgeleitet von einem der Vorfahren der Wagners, der Bartholomäus hieß. Im Frankenjargon wurde daraus die Kurzform „Barthel". Die Gäste kommen vorwiegend mit dem Fahrrad nach Staffelbach. Deswegen erkennt man auch an der Menge der Drahtesel vor der Tür, ob geöffnet ist. Bekannt ist das Haus vor allem für seine Weißweine. Wir legen Ihnen besonders unseren Favoriten, den fruchtigen Kerner ans Herz, dem man die viele investierte Winzerliebe absolut anschmeckt. Seit 2004 gibt es hier zudem ein immer größer werdendes Rotweinsortiment, das vor Kurzem erst um den klassischen Dornfelder erweitert wurde.

Hallstadt | 12,9 km

Weinradweg am Main

Ausgangspunkt der Radtour: Hallstadt Mainbrücke, Länge: 25 km.

Web: www.landkreis-bamberg.de

Tipp: Nur wenige Steigungen ermöglichen entspanntes Radfahren auch für Familien.

Bamberg | 15,6 km

Weltkulturerbe Bamberg

Geyerswörthstraße 5, 96047 Bamberg
Tel.: 0951 2976-200 (Tourist Info)

Web: www.bamberg.info

Öffnungszeiten: siehe Website

Tipp: Denkmalgeschützte Gebäude, mittelalterlicher Charme, barocke Prachtarchitektur: sehenswertes Bamberg.

TIPP VOM WINZER

SILVANER, BLANC DE NOIR (SCHWARZRIESLING).

Weingut Hermann Dereser

www.weingut-dereser.de **Plätze (innen/außen): 40/35**

UNTERM ESELSBERG

Die Winzerfamilie Dereser kann auf eine Geschichte von über 200 Jahren beziehungsweise über acht Generationen zurückblicken. Auch wenn der Hof früher kein reines Weingut war, haben die Reben doch schon immer zur Palette gehört. Heute konzentriert Familie Dereser sich allerdings auf ihre neun Hektar Rebfläche und verschiedene Obstfelder, aus deren Ertrag die hauseigenen Obstbrände destilliert werden. Darunter sind natürlich auch Trauben- und Tresterbrand, was wir besonders in der Querverkostung mit den Weinen spannend fanden. So haben Sie die gesamte Aromenvielfalt eines Weinbaubetriebes in Ihren Gläsern. Mit Sohn Johannes ist die nächste Generation bereits fest im Betrieb verankert. Er absolvierte vor einigen Jahren sein Weinbaustudium und zeichnet seitdem für die guten Tropfen mitverantwortlich. Der Lohn für die Arbeit sind die vielen Goldmedaillen, die die Deresers bei verschiedenen Prämierungen schon abräumen konnten, unter anderem sogar „Best of Gold" für Domina und Silvaner.

WEINE

Silvaner, Weißburgunder, Riesling, Bacchus, Sauvignon Blanc, Müller-Thurgau, Kerner, Spätburgunder, Domina, Portugieser, Acolon.

KÜCHE

Kleine Karte warm und kalt; Spezialitäten: Typisch fränkische, immer wieder wechselnde Speisen.

ANSCHRIFT

Maintalstraße 6
97509 Stammheim
Tel.: 09381 2187

ÖFFNUNGSZEITEN

Weinverkauf: Täglich nach vorheriger Vereinbarung.
Weinbistro: Sa. und So. 14 bis 22 Uhr, nicht regelmäßig, genaue Termine siehe Website.

Stammheim | 100 m

Wanderung durch die Weinberge

Direkt am Hang des Ortes.

Tipp: In den Stammheimer Weinbergen finden sich viele Wanderwege, die allesamt einen wunderbaren Blick auf den Main bieten.

Stammheim | 160 m

MainRadweg

Führt direkt durch Stammheim und kann in beide Richtungen gefahren werden.

Web: www.mainradweg.com

Tipp: In Richtung Volkach wartet ein Weinort nach dem anderen darauf, entdeckt zu werden.

TIPP VOM WINZER

WEISSBURGUNDER TROCKEN UND SILVANER.

Weingut Zehnthof Luckert

www.weingut-zehnthof.de **Plätze (innen/außen): 0/0**

GUT DING WILL WEILE HABEN

WEINE

Silvaner, Blauer Silvaner, Roter Silvaner, Weißer Burgunder, Riesling, Sauvignon blanc, Chardonnay, Gelber Muskateller, Frühburgunder, Spätburgunder.

WEINFEST

Straßenweinfest (1. WE im Aug.).

ANSCHRIFT

Kettengasse 3-5
97320 Sulzfeld am Main
Tel.: 09321 23778

ÖFFNUNGSZEITEN

Weinverkauf: Mo. bis Fr. 8 bis 12 Uhr und 13 bis 17 Uhr, Sa. 8 bis 12 Uhr und 13 bis 16 Uhr.

Das männliche Dreigestirn des Weinguts Luckert - Ulrich, Wolfgang und Philipp - kann auf eine fundierte Ausbildung und umfangreiche Erfahrung zurückblicken. Aus dieser Expertise heraus haben sich die drei 2009 mit ihren Familien entschlossen, sämtliche Weinberge ökologisch zu bewirtschaften. Offene Maischegärung, Arbeitsschritte nach der alten Handwerkstradition und viel Zeit ermöglichen tanninreife und farbintensive Rotweine mit einer großen Struktur. Die Weißweine bauen die Luckerts ganz klassisch fränkisch trocken, fast ohne Restsüße aus. Wenn Sie schon mal hier sind, sollten Sie außerdem noch einen Blick in das spannende Sortiment an hochwertigen Destillaten werfen. Aus der Luckertschen Brennblase gibt es beispielsweise einen holzfassgereiften Tresterbrand, aber auch Raritäten wie Wildquitte und Schlehe.

Sulzfeld am Main | 200 m

Vinobistro Luckert

Maingasse 22, 97320 Sulzfeld am Main
Tel.: 09321 8916

Web: www.winzerfamilie-luckert.de

Öffnungszeiten: auf Anfrage

Tipp: Mörderische Dinnerparty – Schlüpfen Sie für einen Abend in eine interessante Rolle und genießen sie einen spannenden Abend im Turm.

Sulzfeld am Main | 200 m

Weinlehrpfad Sulzfelder Maustal

Ausgangspunkt der Wanderung: Sulzfelder Altort, Länge: 5 km, Dauer: ca. 2 Std.

Web: www.fraenkisches-weinland.de

Tipp: Bei dieser Wanderung entdeckt man das vielfach augezeichnete Sulzfeld a.Main, das zu den schönsten Weinbaudörfern in Deutschland zählt.

TIPP VOM WINZER

SULZFELDER SONNENBERG SILVANER-GELBKALK- VDP.

Weingut Deppisch

www. deppischwein-gut.de **Plätze (innen/außen): 40/0**

WEINE

Silvaner, Riesling, Weißer Burgunder, Sauvignon Blanc, Blauer Silvaner, Spätburgunder, Regent.

KÜCHE

Kleine Karte warm und kalt; Spezialitäten: Fränkische Mostsuppe.

WEINFEST

Hofschoppenfest (1. WE im Aug.), Weinfest des Weinbauvereins Theilheim (3. WE im Jul.).

ANSCHRIFT

Türschengraben 3
97288 Theilheim
Tel.: 09303 9800048

ÖFFNUNGSZEITEN

Weinverkauf: Nach tel. Absprache. Heckenwirtschaft: Mär./Apr. und Okt./Nov. (genaue Termine siehe Website): Do. bis Sa. ab 18 Uhr, So. ab 15 Uhr (Reservierung empfehlenswert).

DIE HERAUSFORDERUNG LIEBEN

Der Vater von Christian Deppisch arbeitete als Winzermeister und Außenbetriebsleiter beim Würzburger Bürgerspital. In dieser Zeit hatte es ihn schon immer gejuckt, auch mal einen eigenen Weinberg zu bewirtschaften, und 1989 bot sich schließlich die Gelegenheit. Mit 500 Quadratmetern startete er das Weingut Deppisch im Nebenerwerb. Doch nach der Lese merkte er, dass er noch etwas vergessen hatte: Es gab keine Räume zum Gären und Reifen. Flugs wurde die Garage ausgeräumt und für den Wein umfunktioniert. Der damals 15-jährige Christian bekam das alles mit und war sofort vom Winzervirus angesteckt. Ein Winzerstudium folgte und 2005 endlich der Umzug in einen ehemaligen Bauernhof in Theilheim. Seit 2009 wachsen die Reben nach bio-dynamischen Regeln, und so bietet jeder Jahrgang eine neue Herausforderung, der sich Christian gerne und erfolgreich stellt.

Randersacker | 3,3 km

Restaurant und Winzerhof Weißenberger

Brandgasse 6, 97236 Randersacker
Tel.: 09303 2220

Web: www.restaurant-weissenberger.de

Öffnungszeiten: siehe Website

Tipp: Jeden Samstag von 11 bis 15 Uhr das fränkisches Hochzeitsmenü.

Randersacker | 4,2 km

Steinhauermuseum

Mönchshof 1, 97236 Randersacker
Tel.: 0931 705348

Web: www.steinhauer-randersacker.de

Öffnungszeiten: auf Anfrage

Tipp: Das Steinhauermuseum im historischen Mönchshof zeigt mit Exponaten und Dokumenten die Geschichte und Arbeitswelt der „Rantzackera Steehawer".

TIPP VOM WINZER

BLAUER SILVANER, RIESLING UND SECCO „SEITENSPRUNG".

WeinGut Stefan Bauer und Heckenwirtschaft

www.frankenwein-bauer.de **Plätze (innen/außen): 45–50/40–60**

WEINE

Grüner Silvaner, Blauer Silvaner, Bacchus, Müller-Thurgau, Kerner, Riesling, Grauer Burgunder, Scheurebe, Spätburgunder, Regent, Acolon, Domina.

KÜCHE

Mittelgroße Karte warm und kalt; Spezialitäten: Emmas Pfeffernüsse (von Muttern gebacken).

ANSCHRIFT

Bühlstraße 19
97291 Thüngersheim
Tel.: 09364 1300

ÖFFNUNGSZEITEN

Weingut: Jederzeit nach tel. Vereinbarung.
Heckenwirtschaft: genaue Termine siehe Website.

WEINPROBE MITTEN IM WEINBERG

Das ist eines der Angebote von Stefan Bauer, der 1997 vom Telekom-Mitarbeiter zum Winzer umsattelte und in den väterlichen Betrieb einstieg. Ein Jahr später wurde aus dem Neben- ein Haupterwerb, wobei Mutter Emma und Vater Isidor noch viele Jahre tatkräftig mit anpackten. Auf den dreieinhalb Hektar Anbaufläche wachsen acht Weiß- und vier Rotweine. Unter letzteren gilt vor allem der Acolon als echter Geheimtipp. Die Häckerstube mit dem schönen Namen „Heckernest" hat Platz für 50 Gäste und ist nur wenige Wochen im Jahr geöffnet (siehe Website). Dann aber sind Jubel, Trubel und Heiterkeit angesagt - so manche neue Freundschaft ist an einem Abend hier entstanden.

Thüngersheim | 1,2 km

Landgasthaus Winzerhof-Hotel

Veitshöchheimer Straße 29
97291 Thüngersheim
Tel.: 09364 5838

Web: www.winzerhof-thuengersheim.de

Öffnungszeiten: auf Anfrage

Tipp: Das Angebot an interessanten Unternehmungen von hier aus ist sehr groß.

Thüngersheim | 1,3 km

Weinlehrpfad Thüngersheim

Ausgangspunkt der Wanderung: Ortsausgang Günterslebener Straße, Länge: ca. 4,3 km, Dauer: ca. 1,5 Std.

Web: www.thuengersheim.de

Tipp: Rasten Sie auf den Ruhebänken an den Weinzeilen und schauen Sie dem Winzer bei seiner Arbeit über die Schulter.

TIPP VOM WINZER

BLAUER SILVANER - MARKANT, CHARAKTERREICH.

Weingut Markus Meier

www.weingutmeier.de

Plätze (innen/außen): 120/unbegrenzt

WEINE

Silvaner, Riesling, Weißburgunder, Scheurebe, Chardonnay, gemischter Satz, Bacchus und Müller-Thurgau, Spätburgunder, Cabernet, Domina.,

KÜCHE

Eventgastronomie ganzjährig für geschl. Gruppen nach Anmeldung. Spezialitäten: Dry aged beef

WEINFEST

Südländisches Weinfest (2. So. im Sep.).

ANSCHRIFT

Ulsenheim 114
91478 Markt Nordheim
Tel.: 09842 2479

ÖFFNUNGSZEITEN

Vinothek: Mo. bis Fr. 13 bis 19 Uhr, Sa. 10 bis 18 Uhr und nach Vereinbarung, im Mai/Jun. und Sep./Okt. auch So. ab 13 Uhr. Panoramahütte im Weinberg: Jul. und Aug.: So. ab 13 Uhr.

DEN GENUSS GEFUNDEN

Markus Meier startete als Maschinenbauer und Betriebswirt in sein Berufsleben, merkte aber immer, dass ihm etwas fehlte. Eine komplexere Aufgabe und vor allem echten Genuss, darum wollte er sich eigentlich kümmern. Schnell war der Entschluss gefasst, und er schulte um zum Winzer, natürlich mit Leidenschaft. Auf die Fahnen schrieb er sich zudem, dass der Besuch in seinem Weingut für die Gäste immer ein echtes Weinerlebnis sein sollte. Deshalb bieten er und sein Team Ihnen hier neben klassischen Verkostungen auch Weinbergswanderungen, Kellerproben direkt aus dem Fass, Weinseminare und kulinarische Genüsse, unter anderem in der Weinlounge. Unter dem Label „Ethos" hat sich Markus Meier zudem mit zwölf anderen Winzern zusammengetan und keltert spontanvergorene Naturweine, mit Respekt und Anstand - mehr erfahren Sie vor Ort im persönlichen Gespräch.

Ulsenheim | 350 m

Landgasthof zum Schwarzen Adler

Ulsenheim 97, 91478 Markt Nordheim
Tel.: 09842 8206

Web: www.karpfenschmeckerwochen.de

Öffnungszeiten: auf Anfrage

Tipp: Lassen Sie sich verwöhnen von regionalen Köstlichkeiten und Eigenbau-Weinen.

Ippesheim | 7,9 km

Heimat- u. Handwerksmuseum

Schlossplatz 1, 97258 Ippesheim
Tel.: 09339 1014

Web: www.ippesheim.de

Öffnungszeiten: Führungen nach telef. Anmeldung bei Bianka Wellmann möglich

Tipp: Ein Besuch sollte mit der Besichtigung des 6.700 Jahre alten Skelettfundes von Ippsi verbunden werden, der in Schloss Lichtenstein ausgestellt ist.

TIPP VOM WINZER

„RIESLING EINFACH KEUPER UND ETHOS SILVANER."

Weingut Hirn & Hundertwasser-Shop

www.weingut-hirn.de

Plätze (innen oder außen): 40/40

WEINE

Müller-Thurgau, Bacchus, Johanniter, Regent, Riesling, Silvaner, Weißer Burgunder, Scheurebe, Kerner, Spätburgunder.

KÜCHE

Kleine Karte warm und kalt; Spezialitäten: gratinierter Ziegenkäse mit Thymian-Honig

WEINFEST

Kulturherbst (an den beiden letzten WE im Sep.).

ANSCHRIFT

Dipbacher Straße 8
97247 Untereisenheim
Tel.: 09386 388

ÖFFNUNGSZEITEN

Weingut: Sommerzeit: Di. bis Sa. 11 bis 12 Uhr und 13 bis 18 Uhr, Dez. bis Mär.: Di. bis Sa. 12.30 bis 16 Uhr, zur Heckenwirtschaftszeit zusätzlich So. und Feiertage 14 bis 17 Uhr.
Heckenwirtschaft: siehe Website.

WO IS'N DER HIRN?

Die Antwort auf diese Frage ist recht einfach. Denn Winzer Matthias Hirn sorgte Ende des letzten Jahrtausends für eine kleine Sensation im fränkischen Weinland. Kein geringerer als Friedensreich Hundertwasser begann auf seine Anfrage hin mit den Planungen für den Bau des neuen „Weinparadieses" mitten im Weinberg. Leider verstarb der Künstler im Herbst 2000, aber sein langjähriger Partner, Architekt Heinz Springmann, übernahm die Fertigstellung. Und so sehen Sie schon von weitem das hauptsächlich dreifarbige, geschwungene Gebäude, das schon richtig Lust auf einen Besuch und natürlich die Verkostung der Weine von Matthias Hirn macht. Diese enttäuschen auch nicht und bringen eine große Vielfalt verschiedener roter und weißer Reben ins Glas. Dazu kommen Destillate und Sekt. Sie sehen, es wartet eine ordentliche Aufgabe auf Sie. Die Tropfen werden zum Teil übrigens biologisch an- und ausgebaut, so dass Sie hier auch gut die verschiedenen Herangehensweisen vergleichen können.

Stammheim | 4,8 km

Bocksbeutelweingut Scheller

Weinbergstraße 24, 97509 Stammheim
Tel.: 09381 3295

Web: www.bocksbeutelweingut.de

Öffnungszeiten: auf Anfrage

Tipp: Freuen Sie sich auf Weine mit tiefgründigem Charakter, überzeugender Mineralität sowie viel Frische und Frucht.

Dettelbach | 10,5 km

Rundgang Stadtmauer

Östliche Stadtmauer, 97337 Dettelbach
Tel.: 09324 3560 (Tourist Info)

Web: www.dettelbach.de

Tipp: Ein romantischer Streifzug mit traumhaften Wein- und Mainaussichten.

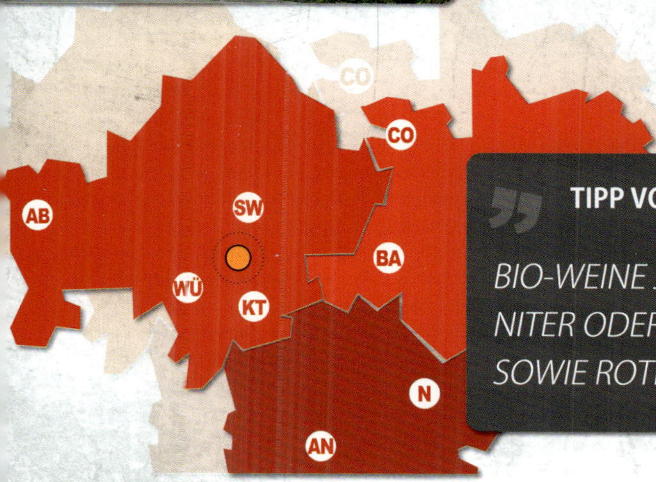

TIPP VOM WINZER

„BIO-WEINE JOHANNITER ODER REGENT, SOWIE ROTLING."

Gastwirtschaft und Weinbau Mohl

www.frankenwein-erleben.de — Plätze (innen/außen): 150/80

WEINE

Müller-Thurgau, Silvaner, Domina.

KÜCHE

Kleine Karte warm und kalt; Spezialitäten: Zwetschgenbames, Flammkuchen

WEINFEST

Kirchweih (1. WE im Sep.).

ANSCHRIFT

Hauptstraße 8
96173 Unterhaid
Tel.: 09503 5470

ÖFFNUNGSZEITEN

Weinverkauf und Gastwirtschaft: Mi. bis Sa. ab 16 Uhr, So und Feiertage ab 15 Uhr, Mo. und Di. Ruhetag.

RUNDUM SORGLOS

Bei Familie Mohl werden Sie komplett umsorgt und umhegt. Es geht also nicht nur um guten Wein, sondern auch um Feines aus dem Backofen oder aus der Küche. All diese Dinge haben Gertrud, Georg, Silke und Ina quasi in ihrer DNA, denn der Familienbetrieb besteht schon seit über 140 Jahren beziehungsweise fünf Generationen. So ist es auch kein Wunder, dass es bei vielen Familien rund um Oberhaid, aber auch in Hallstadt und Bamberg, Tradition ist, die anstehenden Familienfeste im urigen Gasthof der Mohls zu feiern. Der beste Genussmonat hier ist der September, wenn am ersten Sonntag die Kirchweih mit Live-Musik gefeiert wird. Im Herbst lädt Familie Mohl natürlich auch zu hausgebackenem Zwiebelkuchen und Federweißem ein!

Bamberg | 10,4 km

Stadtführung in Bamberg

Geyerswörthstraße 5, 96047 Bamberg
Tel.: 0951 2976-200 (Tourist Info)

Web: www.bamberg.info/

Tipp: Die ganze Magie Bambergs erleben, bei einer besonderen Führung zum Bier oder mit dem Nachtwächter auf Altstadtrundgang gehen.

Memmelsdorf | 12,8 km

Schloss Seehof

Schloß Seehof 1, 96117 Memmelsdorf
Tel.: 0951 409571

Web: www.schloesser.bayern.de

Öffnungszeiten: Täglich 9 bis 18 Uhr, Mo. geschlossen.

Tipp: Von der Pracht des einstigen Rokokogartens zeugt unter anderem die wiederhergestellte Kaskade mit ihren Wasserspielen.

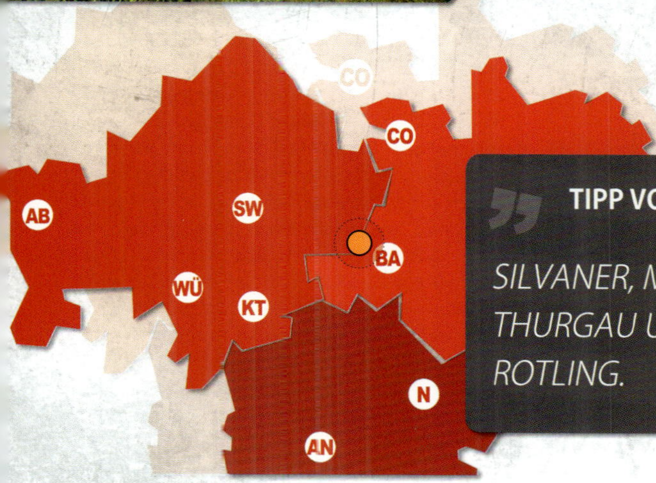

TIPP VOM WINZER

SILVANER, MÜLLER-THURGAU UND ROTLING.

Weingut MAX MÜLLER I

www.max-mueller.de **Plätze (innen/außen): 0/0**

RED MAX IM GEWÖLBEKELLER

Schon seit vier Generationen winzern die Müllers in Volkach. Das Gut selbst allerdings wurde einige Zeit früher von den Würzburger Erzbischöfen eingerichtet, um diese immer mit den besten Tropfen zu versorgen. Heute steht die umtriebige Familie für ganz besondere Weine. Denn Junior Christian, ein absoluter Silvaner-Fan, was schon an seiner Tätowierung „Main.Silvaner.Rockt." zu sehen ist, hat es sich zur Aufgabe gemacht, den Weinbau seines Großvaters wiederzubeleben. Dazu gehören die alten Rebstöcke mit teils über 40 Lenzen, aber auch der Ausbau im Holzfass und die mutige Spontangärung. Diesen speziellen Tropfen können Sie unter dem Label „Eigenart" verkosten und natürlich auch erwerben. Neben den gut 90% Weißwein keltern die Müllers auch sehr feine Rotweine, von denen uns der „RED MAX" am besten gefallen hat.

WEINE

90% weiße Rebsorten, wie (vorwiegend) Silvaner, Riesling, Bacchus, Scheurebe, Burgundersorten, 10% rote Rebsorten.

ANSCHRIFT

Hauptstraße 46
97332 Volkach
Tel.: 09381 1218

ÖFFNUNGSZEITEN

Weinverkauf: Mo. bis Fr. 9 bis 18 Uhr, Sa. 10 bis 16 Uhr, Apr. bis Dez. zusätzlich So 10 bis 12 Uhr.

Volkach | 200 m

Schoppenhäusle

Weinstraße 21, 97332 Volkach
Tel.: 09381 802337

Web: www.schoppenhaeusle.de

Öffnungszeiten: siehe Website

Tipp: Der Gastronomiebetrieb mit schönem Garten liegt etwas abgelegen von der Volkacher Innenstadt, angenehm ruhig und doch nur einen Steinwurf vom Zentrum entfernt.

Stammheim | 6,3 km

Museum für Militär- und Zeitgeschichte Stammheim

Maintalstraße, 97509 Kolitzheim
Tel.: 09381 9255

Web: www.museum-stammheim.de

Öffnungszeiten: siehe Website

Tipp: Das Museum liegt direkt am Ortsrand von Stammheim, ebenfalls ein bekannter Weinort.

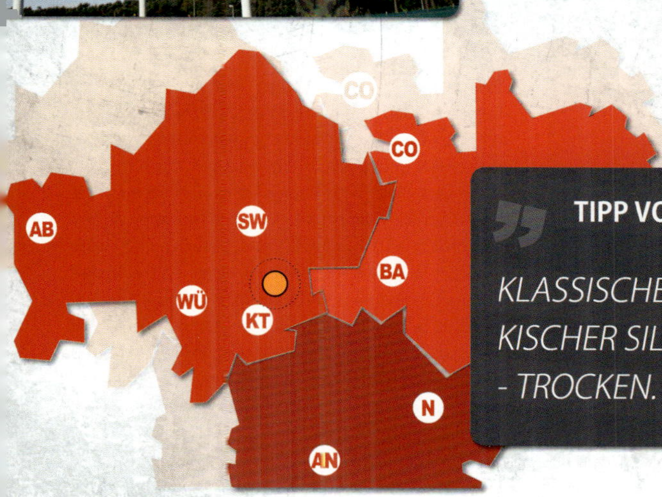

TIPP VOM WINZER

KLASSISCHER FRÄNKISCHER SILVANER - TROCKEN.

Weingut Römmert

www.weingut-roemmert.de

Plätze (innen/außen): 0/0

WEINE

Müller-Thurgau, Silvaner, Bacchus, Scheurebe, Riesling, Weißer Burgunder, Chardonnay, Domina, Spätburgunder, Regent, Acolon.

WEINFEST

Weinfest Volkach (Mitte Aug.).

ANSCHRIFT

Erlachhof 1, 97332 Volkach
Tel.: 09381 2366

ÖFFNUNGSZEITEN

Weinverkauf: Mo. bis Do. 8 bis 18 Uhr, Fr. 8 bis 17 Uhr, Sa. 10 bis 14 Uhr, So. und Feiertage 10 bis 12 Uhr und nach Vereinbarung.

VERRÜCKT? MUTIG!

Römmerts feiern in diesem Jahr ihr 100-jähriges Bestehen. Damals, am Ende des Ersten Weltkrieges, war es kein leichtes Unterfangen, mit einem Genussmittel in den Markt einzusteigen, doch mit viel Liebe und Kreativität haben sie sich erfolgreich bis heute durchgekämpft. Wegen ihres Hangs zu außergewöhnlichen Weinen haben schon manche Gäste gemeint, hier bewege man sich zwischen Genie und Wahnsinn, doch am Ende siegte immer der Genuss. Insofern lassen Sie sich auch einmal entführen - in das Spannungsfeld zwischen Innovationsgeist und traditionellem Handwerk, und erkunden Sie die feinen Weine, Brände und Liköre des Hauses - viele davon sind hochdekoriert!

Volkach | 200 m

Volkacher Mainschleifentour

Ausgangspunkt der Radtour: Volkach am Wohnmobilstellplatz, Länge: 35 km, Dauer: ca. 3 Std.

Web: www.fraenkisches-weinland.de

Tipp: Eine Radtour für Weingenießer, auch wenn man eine gründliche Verkostung der feinen Weine erst am Ziel beginnen sollte, darf ein Schoppen bei der Mittagsrast schon sein.

Schwarzach am Main | 9 km

Kloster Münsterschwarzach

Schweinfurter Str. 40, 97359 Schwarzach
Tel.: 09324 200

Web: www.abtei-muensterschwarzach.de

Öffnungszeiten: Infos zu Veranstaltungen und Gottesdiensten siehe Website

Tipp: Veranstaltungen, Konzerte, Ausstellungen und sogar verschiedene Kurse erfreuen vor Ort die Besucher.

TIPP VOM WINZER

SILVANER, MÜLLER-THURGAU, BACCHUS UND SCHEUREBE.

Die WeinWerkstatt Schubert

www.die-weinwerkstatt.de

Plätze (innen/außen): 100/100

WEINE

Silvaner, Müller-Thurgau, Bacchus, Scheurebe, Riesling, Rieslaner, Weißburgunder, Domina, Regent, Merlot, Cabernet Sauvignon.

KÜCHE

Kleine Karte warm und kalt; Spezialitäten: Blaue Zipfel, Winzertoast, Weinnudeln

ANSCHRIFT

Röntgenstraße 3a
97295 Waldbrunn
Tel.: 09306 8858 oder
09306 985330

ÖFFNUNGSZEITEN

Weinverkauf: Mi. und Fr. 17 bis 19 Uhr, Sa. 10 bis 13 Uhr und nach tel. Vereinbarung.
Heckenwirtschaft: Siehe Website.

DIE GRENZGÄNGER

Auch wenn Weingut und Heckenwirtschaft in Franken stehen, so wachsen die guten Reben hier „drüben", also auf der badischen Seite, etwas westlich von Wüstenzell. Auch im Boden schlagen hier zwei Herzen. Denn den oberen Muschelkalk durchziehen rote Buntsandsteinzungen, was zu einer ganz eigenen Weinstilistik führt. Rund um diese besonderen Weine bieten die Schuberts ein Potpourri an Genießerveranstaltungen an, von der klassischen Weinprobe über Genießermenüs bis hin zu Highlights wie „Schokolade und Wein" oder Jungweinproben. Das alles steht dann unter dem Label „WeinWerkstatt" und wird vor allem von den charmanten Damen der Familie betreut. Die Räumlichkeiten können außerdem für Hochzeiten oder Firmenfeiern gemietet werden - und demnächst soll es sogar ein paar Zimmer für spontane Übernachtungswünsche geben.

Würzburg | 12 km

Restaurant Nikolaushof

Albert-Günther-Weg 1, 97082 Würzburg
Tel.: 0931 797500

Web: www.nikolaushof.com

Öffnungszeiten: siehe Website

Tipp: Besondere Weinthemenabende, magische Dinner und Brunchen am Nikolaushof laden Sie ein (Termine s. Website). Bei dem Blick ein Pflichtbesuch.

Würzburg| 13 km

Festung Marienberg

Marienberg, 97012 Würzburg

Web: www.schloesser.bayern.de

Öffnungszeiten: Täglich 9 bis 18 Uhr, Mo. geschlossen

Tipp: Im zweiten Obergeschoss hat das Museum für Franken eine festungs- und stadtgeschichtliche Sammlung eingerichtet.

TIPP VOM WINZER

DER SEBBO-BARRIQUE, IM HOLZFASS GEREIFTER REGENT.

Weingut Klaus Simon

www.weinsimon.de

Plätze (innen/außen): 170/70

WEINE

Riesling, Müller-Thurgau, Bacchus, Weißburgunder, Grauburgunder, Silvaner, Sauvignon Blanc, Rieslaner, Blauer Silvaner, Spätburgunder, Domina, Schwarzriesling.

KÜCHE

Kleine Karte warm und kalt; Spezialitäten: Kellermeistersteak vom Schwein.

WEINFEST

Hofschoppenfest (im Aug.).

ANSCHRIFT

Schloßbergstraße 1a
63755 Alzenau-Wasserlos
Tel.: 06023 5477

ÖFFNUNGSZEITEN

Weingut: Mo. bis Sa. 9 bis 19 Uhr. Weinstube: Do. und Fr. ab 17 Uhr, Sa. ab 15 Uhr, So. und Feiertage ab 12 Uhr sowie nach Vereinbarung.

DIE HAUSNUMMER SAGT ALLES

Der Simonsche Betrieb liegt in der Schloßbergstraße 1a - und damit ist eigentlich alles gesagt. Denn egal, was Sie hier probieren, ob Wein, ob Edelbrand oder Likör, hier ist alles vom Feinsten. Das bezeugen auch die zahlreichen Prämierungen, die der fleißige Winzer und Kellermeister Klaus Simon für seine Erzeugnisse regelmäßig erhält. Dabei packen auch seine drei Damen, Ehefrau und Gasteführerin Ester, Tochter Luisa und Mama Erna gerne mit an. Besonders gemausert hat sich auch die Weinstube des Hauses, die zu einem wahren Gourmettempel geworden ist. Insbesondere, wenn die Winzer zum „KulVinum" laden, einer edlen Menüfolge mit besten Weinen und eigens dafür und damit gekochten Speisen.

Alzenau | 1,8 km

Kulturrundweg „Wein und Herrschaft“

Kann von Wasserlos in zwei Schleifen nach Alzenau (ca. 5 km) und nach Hörstein (ca. 7 km), aber auch im Ganzen begangen werden.

Web: www.alzenau.de

Tipp: Führt direkt durch Wasserlos.

Alzenau | 2,2 km

Burg Alzenau

Burgstraße 14, 63755 Alzenau
Tel.: 06023 502112

Web: www.alzenau.de

Öffnungszeiten: auf Anfrage

Tipp: Besonders beliebt sind die „Alzenauer Burgfestspiele“ sowie die renommierten „Fränkischen Musiktage“!

TIPP VOM WINZER

RIESLING-WEINE AUS DEM WASSERLOSER SCHLOSSBERG.

Grefs und Kistners Weinbergshütte

www.frankenwein-erleben.de | Plätze (innen/außen): 65/50

WEINE

Müller-Thurgau, Silvaner, Kerner, Bacchus, Rieslaner, Acolon, Spätburgunder.

KÜCHE

Kleine Karte warm (nur auf Bestellung für Gruppen) und kalt; Spezialitäten: bunt gemischte Vesperplatte.

WEINFEST

Hüttenweinfest mit Spezialitäten vom Grill (letztes volles WE im Jul.).

ANSCHRIFT

Am Fuß des Rotenbergs, ca. 2 km nordöstlich, ausgeschildert ab
97215 Weigenheim
Tel.: 09842 2492

ÖFFNUNGSZEITEN

Weinverkauf: Nach tel. Anmeldung.
Weinbergshütte: 1. Mai bis 1. Nov.: Sa. ab 15 Uhr, So. und Feiertage ab 11 Uhr, jeden 2. Fr. im Monat Wirtshaussingen ab 15 Uhr.

BACK TO THE ROOT

Ein Besuch in der Weinbergshütte führt die Gäste zurück zur Wurzel des Weines. Mitten im Weinberg, urig-romantisch, ein Gläschen in der Hand - so lässt es sich gut leben! Dahinter stecken zwei Familien, die ursprünglich vorbeikommende Wanderer in einem alten Holzschuppen mit einem Schlückchen Wein versorgen wollten. Schnell entwickelte sich die improvisierte Heckenwirtschaft zum absoluten Geheimtipp, und so entstand die heutige Hütte. Dem Grundsatz, guten, bodenständigen Wein zum günstigen Preis auszuschenken sind sich Grefs und Kistners treu geblieben, und so kann man Ihnen nur raten: Der Besuch hier ist ein echtes Muss!

Bad Windsheim | 15 km

Franken-Therme

Erkenbrechtallee 10, 91438 Bad Windsheim
Tel.: 09841 40300

Web: www.franken-therme.net

Öffnungszeiten: Täglich 9 bis 22 Uhr

Tipp: Kinder bis zum vollendeten 6. Lebensjahr haben in der Franken-Therme Bad Windsheim leider keinen Zutritt.

Bad Windsheim | 16 km

Wirtshaus am Freilandmuseum

Bernhard-Bickert-Weg 10
91438 Bad Windsheim
Tel.: 09841 5971

Web: www.wirtshaus-am-museum.de

Öffnungszeiten: siehe Website

Tipp: Das Fränkische Freilandmuseum Bad Windsheim ist ein 45 Hektar großes Museumsgelände am Südrand der Altstadt von Bad Windsheim.

TIPP VOM WINZER

ROTWEIN MIT EINEM HAUCH VON SCHOKOLADE.

Hopfner Weinidylle

www.hopfner-weinidylle.de **Plätze (innen/außen): 70/100**

WEINE

Bacchus, Müller-Thurgau, Silvaner, Riesling, Chardonnay, Weißburgunder, Ortega, Gewürztraminer, Domina, Monarch, Regent.

KÜCHE

Kleine Karte warm und kalt; Spezialitäten: Hausgemachte Bratwürste mit Kraut

WEINFEST

Rotweinnacht (Sa, 1. WE im Jun.).

ANSCHRIFT

Hauptstraße 17
97215 Weigenheim
Tel.: 09842 1787

ÖFFNUNGSZEITEN

Weinverkauf: Täglich nach vorheriger Absprache möglich.
Heckenwirtschaft: Mär. bis Ostern und Okt. bis 2. WE im Nov.: Sa. ab 14 Uhr, So. ab 13 Uhr, ansonsten für Gruppen nach Absprache.

MONARCH UNTER DER WEINLAUBE

Bei Hopfners ist Selbermachen angesagt. Neben – logisch – dem Wein, gilt das aber auch für Likör, Wurst, Brot und Kuchen. Besonders lustig und stimmungsvoll wird es, wenn man sich einer Weinbergsführung anschließt, bei der die gesamte Gesellschaft irgendwie auf einem Bulldog Platz findet und in die Reben fährt. Zu diesen zählt auch die exotische Monarch-Traube. Diese rote Rebe gibt es erst seit 1988, sie wächst normalerweise nur auf Schweizer Weinbergen - und hier bei Hopfners. An ihrer amüsanten Form der Gastlichkeit arbeiteten schon drei Generationen - die vierte hatte in etwa zeitgleich mit unserer ersten Ausgabe des vorliegenden Buches vor gut zehn Jahren das Licht der Welt erblickt. Wir wünschen weiterhin alles Gute!

Weigenheim | 60 m

Weinbau/Bachusstube Markert

Hauptstraße 12, 97215 Weigenheim
Tel.: 09842 1622

Web: www.weinbau-markert.de

Öffnungszeiten: siehe Website

Tipp: Wenn Sie eine Weinprobe kosten möchten (mit Voranmeldung), werden Ihnen 4 bis 6 Weine vorgestellt und gerne auch Fragen dazu beantwortet.

Bullenheim | 6,8 km

Wanderung rund um den Kappellberg und Scheinberg

Ausgangspunkt der Wanderung: Bullenheim Frankenbergstraße

Web: www.outdooractive.com

Tipp: Abschluss in der Weinparadies Scheune bei zünftigem fränkischem Vesper.

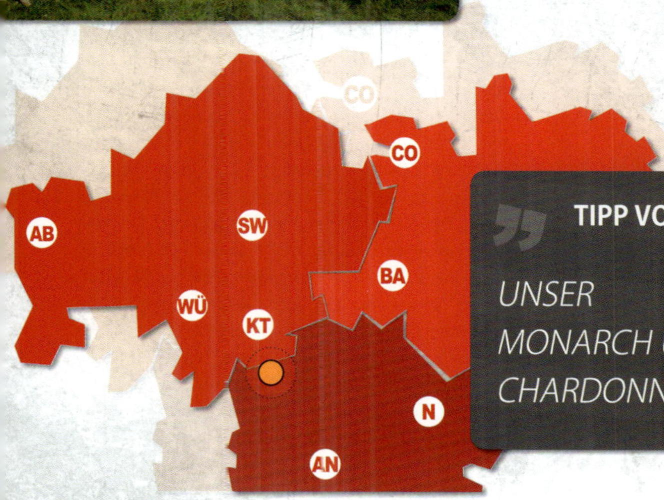

TIPP VOM WINZER

UNSER MONARCH UND CHARDONNAY.

Weingut Oesterlein

www.weingut-oesterlein.de **Plätze (innen/außen): 80/40**

WEINE

Bacchus, Chardonnay, Grauburgunder, Kerner, Müller-Thurgau, Riesling, Sauvignon Blanc, Scheurebe, Silvaner, Muskateller, Blaufränkisch, Cabernet Sauvignon, Dornfelder, Merlot, Schwarzriesling, Spätburgunder.

KÜCHE

Mittelgroße Karte warm und kalt; Spezialitäten: Wildgulasch mit Spätzle und Rotkraut

WEINFEST

Dertinger Weinfest (um den 1. Mai).

ANSCHRIFT

Am Oberen Tor 9
97877 Dertingen
Tel.: 09397 259

ÖFFNUNGSZEITEN

Weinverkauf: Mo. und Mi. bis Sa. 10 bis 20 Uhr und nach Vereinbarung. Heckenwirtschaft: genaue Termine siehe Website.

SPRACHLOS

Als wir bei Klüpfels in ihrem Weingut Oesterlein ankamen, hatten sie gerade mit den Erntehelfern aus dem Dorf einen anstrengenden Tag hinter sich. Und doch beschrieb Inhaber Lothar seine Mission mit so klaren Worten, dass wir sie hier im Originalton wiedergeben möchten: „Jede Traube hat nur einen Frühling, einen Sommer, einen Herbst und eine Zeit, um zu reifen. Sich dieser Tatsache bewusst zu werden, bedeutet, sich in Geduld zu üben. Denn nur, wer eine Vision hat, wird den Weg zum Ziel finden. Große Weine entstehen zuerst im Kopf. Sie wachsen jedoch im Weinberg. Charakterstarke Weine sind geprägt von ihrer Herkunft, sie stammen aus Lagen, die vom Boden und Mikroklima her einzigartig sind. Diese Besonderheiten herauszuarbeiten ist die Aufgabe des Winzers." Und das gelingt hier wunderbar, trinken Sie einen Schluck, und Sie werden uns zustimmen!

Wertheim | 3,6 km

Wertheim Village

Almosenberg, 97877 Wertheim
Tel.: 09342 9199100

Web: www.wertheimvillage.com

Öffnungszeiten: Täglich 10 bis 20 Uhr, So. geschlossen

Tipp: Denken Sie auch daran, dass die Einkäufe eventuell auf dem Fahrrad transportiert werden müssen.

Wertheim | 8,4 km

Johann-Kern-Sternwarte

Galgengraben, 97877 Wertheim
Tel.: 09342 912163

Web: www.sternwarte-wertheim.de

Öffnungszeiten: siehe Website

Tipp: Die öffentlichen Nachtbeobachtungen dauern etwa 2 Stunden. Pünktliches Erscheinen ist empfehlenswert, auch um die bereits begonnene Beobachtung nicht zu stören.

TIPP VOM WINZER

DAS ENTSCHEIDET JEDER KUNDE FÜR SICH SELBST.

Landhotel & Weingasthof Schwarzer Adler

www. schwarzer-adler-wiesenbronn.de **Plätze (innen/außen): 193/70**

WEINE

Silvaner, Bacchus, Müller-Thurgau, Morio Muskat, Regent, Portugieser, Domina, Spätburgunder.

KÜCHE

Mittelgroße Karte warm und kalt; Spezialitäten: Rinderhüftsteak mit Bratkartoffeln , Kräuterbutter und buntem Salatteller

WEINFEST

Weinfest (1. WE im Aug.).

ANSCHRIFT

Hauptstraße 21
97355 Wiesenbronn
Tel.: 09325 232

ÖFFNUNGSZEITEN

Weinverkauf: Di. bis Sa. 7 bis 22 Uhr, So. und Mo. 7 bis 17 Uhr.
Restaurant: Di. bis Sa. 17 bis 21.30 Uhr, So. 11.30 bis 14 Uhr (Küchenzeiten), Mo. Ruhetag.

IM URALTEN GEWÖLBEKELLER

Über 500 Jahre haben die alten Kellergemäuer des Schwarzen Adler schon erlebt. Heute lagern dort immer noch die Weine aus dem eigenen Anbau. Darunter befindet sich auch ein spannender Franken-Exot: Die Rebsorte Morio Muskat. Die Kreuzung aus Silvaner und Gelbem Muskateller entwickelt eine feine Muskat-Note, hat sich aber auch eine deutliche Säure erhalten. Am besten genießen Sie dieses flüssige Schmankerl zu einem der vielen Fischgerichte aus der Küche von Marion Neubauer. Ihr Mann Friedhelm zeichnet hingegen vor allem für die feinen Weine des Hauses verantwortlich. Mit etwas Glück erleben Sie ihn auch bei seinem Hobby - als tapferen Sänger im Männergesangsverein Wiesenbronn. Relativ neu im Team ist Sohn Michael, der nach der Schulzeit erstmal auszog, um Koch und Hotelfachmann zu werden. Mittlerweile ist er zurück und der dritte Teil im Neubauerschen Dreigestirn.

Wiesenbronn | 170 m

Wanderung Traumrunde

Start und Ziel ist der Infopunkt im Seegarten.

Web: www.outdooractive.com

Tipp: An der Hauptstraße laden zwei Gastwirtschaften zur Einkehr ein, die vom Start- und Endpunkt im Seegarten leicht erreicht werden.

Wiesenbronn | 1,4 km

Weinlabyrinth

97355 Wiesenbronn

Web: www.wiesenbronn.de

Öffnungszeiten: 24 Std./7 Tage

Tipp: Besonderheit – ab Ende August darf von den reifen kernlosen Trauben genascht werden!

TIPP VOM WINZER

„DER SOMMERLICHE WEISSHERBST „OHNE ROT ZU WERDEN".“

Weingut Lother

www.weingut-lother.de   Plätze (innen/außen): 55/30 (im Hof beliebig erweiterbar)

WEINE

Silvaner, Bacchus, Müller-Thurgau, Kerner, Scheurebe, Grauer Burgunder, Gewürztraminer, Riesling, Chardonnay, Solaris, Ortega, Spätburgunder, Domina, Cabernet Dorsa, Dornfelder, Blauburger.

KÜCHE

Kleine Karte warm und kalt; Spezialitäten: Bratwurst mit Kraut, fränkischer Gerupfter

WEINFEST

Straßenweinfest in Wipfeld (Maria Himmelfahrt)

ANSCHRIFT

Birkenstraße 3, 97537 Wipfeld
Tel.: 09384 1867

ÖFFNUNGSZEITEN

Weingut: Mo. und Mi. bis Fr 9 bis 18 Uhr, Sa. 9 bis 16 Uhr.
Weinstube: Fr. ab 13 Uhr, Sa. und So. ab 14 Uhr.

DER PLATZHIRSCH

Über 600 regionale und nationale Auszeichnungen haben das Ehepaar Diana und Sebastian Lother und zuvor Sebastians Eltern bereits eingeheimst, und sie sind damit nicht nur von der Größe und Weinvielfalt her die erste Adresse im Schweinfurter Raum. Für die Gäste bedeutet das aber nicht nur ein besonderes Geschmackserlebnis, sie können nämlich auch auf das touristische Knowhow von Diana Lother zurückgreifen. Liebevoll erklärt sie bei einer Weingut-, Weinbergs- oder Weinkellerführung alles rund um den Rebensaft – und darüber hinaus! Für alle Federweißer-Fans: Hier gibt es ihn in rot, weiß UND als Rotling! Aber auch das restliche Sortiment kann sich sehen lassen. Neben einer nahezu vollständigen Sammlung an Franken-Reben gibt es auch Brände, Liköre, Sekt und Gelees, sodass es eigentlich keine Ausreden mehr gibt, sich von früh bis spät mit Trauben zu verwöhnen.

Wipfeld | 650 m

Zehntgrafen Weinweg

Ausgangspunkt der Wanderung: startet am Ende der Weinbergstraße in der Nähe der Wipfelder Kirche, Länge: 4 km, Dauer: ca. 1 Std.

Web: www.wipfeld.d

Tipp: Tafeln und Informationsschilder erklären Rebsorten, Arbeiten im Weinbergsjahr sowie Wildpflanzen und deren Standorte.

Wipfeld | 1,5 km

Kloster St. Ludwig

Sankt Ludwig, 1, 97509 Kloster St Ludwig
Tel.: 09385 8200

Web: www.wipfeld.de

Öffnungszeiten: auf Anfrage

Tipp: Die Wipfelder Fähre ganz in der Nähe bringt einen sicher über den Fluss.

TIPP VOM WINZER

WIPFELDER ROTLING, BACCHUS UND SILVANER.

Weingasthof Georg Steinmetz

www.frankenwein-steinmetz.de

Plätze (innen/außen): 75/60

AM FUSS DES ZABELSTEINS

Der urige Zabelstein ist nicht nur der höchste Berg im nördlichen Steigerwald, sondern auch für den Gasthof an seinem Fuß bekannt. Dort werkelt seit 1875 die Familie Steinmetz, die mittlerweile ihr Angebot um eine ansehnliche Palette von Eigenbau-Weinen ergänzt hat. Darunter finden sich - wie bei echten Genussmenschen nicht anders zu erwarten - zahlreiche sehr edle Spät- und Auslesen, die wir Ihnen besonders ans Herz legen. Wenn Sie Ihren Ausflug planen, sollten Sie am besten vorher reservieren, denn nicht nur die Einheimischen wissen um die Qualität am Zabelstein. Ein Geheimtipp ist dabei, etwas vor den Abendessensgästen zu kommen und die feinen Weine lieber zur Hausmacherbrotzeit aus eigener Herstellung zu genießen. Und noch eins: Werfen Sie einen Blick auf die etwas gewöhnungsbedürftigen Öffnungszeiten: Jede letzte zusammenhängende Woche im Monat ist geschlossen ...

WEINE

Müller-Thurgau, Silvaner, Bacchus, Riesling, Burgunder, Domina.

KÜCHE

Kleine Karte mit ca. 10 Gerichten. Spezialitäten: Schnitzel oder Kotlett mit hausgemachten Salaten

ANSCHRIFT

Zabelsteinstraße 17
97478 Knetzgau-Wohnau
Tel.: 09528 239

ÖFFNUNGSZEITEN

Weinverkauf und Gasthof: Mi., Do. und Sa. 11 bis 22.30 Uhr, jede letzte zusammenhängende Woche im Monat geschlossen.

Knetzgau | 1,9 km

Kapellenweg Knetzgau

Ausgangspunkt der Wanderung: Start und Ziel beim Schloss in Oberschwappach

Web: www.knetzgau.de

Tipp: Ein wunderschöner Rundwanderweg als besonderer Tipp für z.B. einen Sonntagsausflug!

Falkenstein | 2,4 km

Falkenberger Hüttentour

Ausgangspunkt der Wanderung: Donnersdorf/Ortsteil Falkenstein

Web: www.weinpanorama-steigerwald.de

Tipp: Es erwarten Sie Informationen rund um diese besondere Weinbergslage, die Weinbergshäuschen, Wein & Wald, Flora & Fauna und vor allem den Wein, die Rebsorten und die Vermarktungsstruktur.

TIPP VOM WINZER

„DER SILVANER DES HAUSES STEINMETZ."

Bürgerspital zum Hl. Geist - Weingut

www.buergerspital-weingut.de **Plätze (innen/außen): 40/35**

WEINE

Silvaner, Riesling, Müller-Thurgau, Weißburgunder, Grauburgunder, Bacchus, Gewürztraminer, Spätburgunder, Domina, Blaufränkisch, Merlot.

KÜCHE

Kleine Karte warm und kalt; Spezialitäten: Fränk. Gärtnerin-Eintopf

WEINFEST

Kelterhallenfest (Anf. Apr.), WEIN. PARTY am Pfaffenberg (Ende Jul.).

ANSCHRIFT

Theaterstraße 19
97070 Würzburg
Tel.: 0931 3503441 oder
0931 3503403 (Weinhaus)

ÖFFNUNGSZEITEN

Weinverkauf und Gastronomie: Mo. 9 bis 18 Uhr, Di. bis Sa. 9 bis 24 Uhr, So. 11 bis 18 Uhr.
Weingut (Bürozeiten): Mo. bis Do. 8 bis 17 Uhr, Fr. 8 bis 15 Uhr.

WAHRHAFT EDLE TROPFEN

Die gut situierten Bürger Mergardis und Johannes von Steren legten 1316 mit einer Stiftung die Grundlage für das heutige „Bürgerspital zum Heiligen Geist", das seit dem 16. Jahrhundert auch diesen Namen trägt. Heute zählen mehrere Seniorenheime und eine Klinik dazu, für deren Unterhalt seit 1319 auch das Weingut der Stiftung sorgt. Es war damit das Vorbild für sie spätere Stiftung des Juliusspitals durch Fürstbischof Julius Echter. Mit 120 Hektar ist das Bürgerspital heute zwar kleiner, aber steht in Sachen Qualität den Julius-Reben in nichts nach. Die langjährige Geschichte ist natürlich auch Thema bei der Kellereiführung, auf der Sie die über 700 Jahre Weinbau anhand zahlreicher Exponate nachvollziehen können. Mit etwas Glück erhaschen Sie dabei einen Blick auf die älteste datierte Weinflasche der Welt - den so genannten „Steinwein" von 1540 - doch dazu mehr bei der Führung. Ein Grund mehr, hier unbedingt eine ausführliche Verkostung aufs Programm zu setzen.

Würzburg | 350 m

Residenz und Hofgarten

Residenzplatz 2, 97070 Würzburg
Tel.: 0931 35517-0

Web: www.schloesser.bayern.de

Öffnungszeiten: ganzjährig ab 8 Uhr bis zum Einbruch der Dunkelheit (längstens bis 20 Uhr)

Tipp: Die klassizistischen Gartenskulpturen stammen aus der Werkstatt des Hofbildhauers Johann Peter Wagner.

Würzburg | 600 m

Restaurant und Weinhaus Stachel

Gressengasse 1, 97070 Würzburg
Tel.: 0931 52770

Web: www.weinhaus-stachel.de

Öffnungszeiten: siehe Website

Tipp: Achten Sie auf die saisonalen Aktionen im Restaurant und im Weinhaus. Termine siehe Website.

TIPP VOM WINZER

ALS ESSENSBEGLEITER, SILVANER UND DER RIESLING.

Weingut am Stein, Ludwig Knoll

www.weingut-am-stein.de **Plätze (innen/außen): 100/100**

WEINE

Silvaner, Weißburgunder, Grauburgunder, Riesling, Müller-Thurgau, Scheurebe, Spätburgunder.

KÜCHE

Kleine Karte warm und kalt;
Spezialitäten: Regionale und saisonale Sterneküche

WEINFEST

Weinfest „Wein am Stein"
(2 Wochen im Jul.).

ANSCHRIFT

Mittlerer Steinbergweg 5
97080 Würzburg
Tel.: 0931 25808

ÖFFNUNGSZEITEN

Weingut: Mo. bis Fr. 14 bis 20 Uhr, Sa. 10 bis 17 Uhr, Jan. bis Mär.: Mo. bis Fr. 12 bis 18 Uhr, Sa. 10 bis. 14 Uhr.
Restaurant REISERS: Mo. bis Sa. ab 17.30 Uhr, So. Ruhetag.

STECKENPFERDE OHNE ENDE

Die Würzburger zählen sicherlich zu bekanntesten Winzern im Frankenland. Im Interview erwähnte Sandra Knoll in einem ihrer ersten Sätze, dass insbesondere die Steillagen zum Steckenpferd der Familie geworden sind. Eine gute Stunde später kam uns der Gedanke, dass hier einfach alles zum Steckenpferd geworden ist, was den Weinbau schwierig, aber eben auch speziell und im Idealfall erfolgreich macht. Denn Ludwig Knoll und seine Frau haben großen Mut bewiesen und mit dem „Weinwerk" zudem faszinierende Architektur erschaffen. Am deutlichsten sieht der Besucher das vielleicht im Steinkeller, einem Raum, in dem sieben große Betoneier stehen. Daneben sind fünf mannshohe Tonamphoren aus Georgien, dem Land, in dem der Weinbau wohl erfunden wurde, in den Boden eingelassen. Im Sinne der Biodynamik geht es um Proportionen, Harmonie und Vitalität - was dem edlen Tropfen in den ungewöhnlichen Gefäßen richtig gut tun soll.

Würzburg | 1 km

Schlosshotel Steinburg

Reußenweg 2, 97080 Würzburg
Tel.: 0931 97020

Web: www.steinburg.com

Öffnungszeiten: auf Anfrage

Tipp: Das Schlosshotel Steinburg ist bekannt für seine attraktiven Veranstaltungen. Spannende Dinnerkrimis, leckere Gourmetbrunches, romantische Lovedinner sowie Kunst und Konzerte.

Würzburg | 1,1 km

Würzburger Käppeleweg

Ausgangspunkt der Wanderung: Vom Bahnhof Würzburg nimmt man die Kaiserstraße/Fußgängerzone.

Web: www.outdooractive.com

Tipp: Anfang und Ende der Tour bedienen einige Sehenswürdigkeiten Würzburgs, wie den Dom, den Marktplatz, oder den Brückenschoppen (April - Oktober).

TIPP VOM WINZER

STETTENER STEIN, VINZ SILVANER, ALTE REBEN.

Juliusspital Weingut

www.weingut-juliusspital.de **Plätze (innen/außen): 140/40**

WEINE

Silvaner, Riesling, Müller-Thurgau, Weißer Burgunder, Grauer Burgunder, Scheurebe, Traminer, Muskateller, Spätburgunder.

KÜCHE

Große Karte warm und kalt; Spezialitäten: Zartes Gulasch vom fränkischen Wild auf Butterspätzle mit Preiselbeeren.

WEINFEST

Juliusspital-Open (im Mai)

ANSCHRIFT

Klinikstraße 1, 97070 Würzburg
Tel.: 0931 3931400

ÖFFNUNGSZEITEN

Weinverkauf: Mo. bis Do. 7.30 bis 16.30 Uhr, Fr. 7.30 bis 15 Uhr. Vinothek Weineck Julius Echter (Koellikerstraße 1a): Mo. bis Fr. 9.30 bis 18.30 Uhr, Sa. 9 bis 16 Uhr. Weinstuben Juliusspital (Juliuspromenade 19): Täglich ab 10 Uhr.

GUTES TUN MIT GUTEN TROPFEN

Als Fürstbischof Julius Echter 1576 das Juliusspital als Stiftung gründete, stattete er Krankenhaus, Seniorenstift und Hospiz von Beginn an mit einem Weingut zur Versorgung und Finanzierung aus. Nach fast 450 Jahren hat sich am Grundcharakter der Einrichtung nichts geändert, ganz im Gegenteil, sie ist zu einem unverzichtbaren Teil der Würzburger Stadtkultur geworden. Eindrucksvolle Zeugen dieser Geschichte sind die 250 großen Holzfässer, in denen tief im Keller über eine Million Liter Wein lagern. Die kommen von den gut 180 Hektar Rebfläche, die das zweitgrößte Weingut Deutschlands bewirtschaftet. Erleben können Sie die Vielfalt und Leidenschaft der fünf Winzer- und zwei Kellermeister am besten bei einer Kellerführung oder Weinprobe. Dabei schmecken Sie die wesentlichen Unterschiede zwischen den Buntsandstein-, Muschelkalk- und Keuper-Böden, die hier innerhalb der Palette ein und desselben Weingutes erlebbar werden.

Würzburg | 750 m

Stadtführung Würzburg

Am Congress Centrum, 97070 Würzburg
Tel.: 0931 372335

Web: www.wuerzburg.de

Öffnungszeiten: Mo. bis Do. 8:30 bis 17 Uhr, Fr. 8:30 bis13 Uhr

Tipp: Es gibt eine Vielfalt an unterschiedlichen Stadtführungen, die für jeden etwas bieten. Informieren Sie sich auf der Website dazu.

Würzburg | 1,3 km

Weinstube Johanniterbäck

Johanniterpl. 3, 97070 Würzburg
Tel.: 0931 54368

Web: www.weinstube-johanniterbaeck.de

Öffnungszeiten: siehe Website

Tipp: Viele Veranstaltungen, wie z.B. Lesungen, Kappensitzungen oder Wirtshaussingen stehen auf dem Plan. Termine siehe Website.

TIPP VOM WINZER

„WÜRZBURGER STEIN SILVANER TROCKEN."

Weinhaus Nüßlein

www.weinhaus-nuesslein.de Plätze (innen/außen): 50/0

NUMMER 1 AM PLATZ

Der Marktplatz von Zeil am Main wird durch seine Kirche geprägt, umringt von wunderschönen Fachwerkhäusern. Eines davon ist das Weinhaus Nüßlein, das nicht nur mit seiner beeindruckenden Fassade glänzt: Im Inneren überrascht eine Symbiose aus Moderne und Tradition, viel Licht und gerade Formen umrahmen das Thema Wein und machen Lust auf eine Weinprobe. Dabei freuten wir uns vor allem auf besondere Genüsse wie den beschwingten Antonello Rotling Secco oder den „Sundowner", eine Müller-Thurgau-Spätlese. Der angegliederte Verkaufsbereich weiß ebenfalls zu überraschen: Neben den Weinen des Hauses kann hier nach netten Accessoires – vom Flaschenhalter, über die Einkaufstasche bis zur Glückwunschkarte – Ausschau gehalten werden.

WEINE

Riesling, Müller-Thurgau, Silvaner, Scheurebe, Weißburgunder, Spätburgunder, Domina, Dornfelder.

WEINFEST

Zeiler Weinfest (1. WE im Aug.), Zeiler Weihnachtsmarkt mit „Heißer Domina" (Anfang Dez.).

ANSCHRIFT

Marktplatz 1
97475 Zeil am Main
Tel.: 09524 279

ÖFFNUNGSZEITEN

Weingut: Mo. bis Fr. 9 bis 18 Uhr, Sa. 9 bis 16 Uhr.

Zeil am Main | 150 m

Zeiler Hexenturm Museum

Obere Torstraße 14, 97475 Zeil a. Main
Tel.: 09524 949861

Web: www.zeiler-hexenturm.de

Öffnungszeiten: siehe Website

Tipp: Die Dauerausstellung zum Thema Hexenverfolgung gibt sowohl durch die räumliche Inszenierung als auch durch den Einsatz audiovisueller Mittel emotionale und persönliche Impulse.

Zeil am Main | 350 m

Hotel-Restaurant Kolb

Krumer Str. 1, 97475 Zeil am Main
Tel.: 09524 9011

Web: www.hotel-kolb-zeil.de

Öffnungszeiten: siehe Website

Tipp: Regelmäßige Veranstaltungen, wie saisonale Menü-Abende, festliche Weinmenüs mit Zeiler Winzern und kulinarische Kabaretts mit Mundartdichtern und Kabarettisten.

TIPP VOM WINZER

PINOT BLANC AUS DEM BARRIQUEFASS.

Heckenwirtschaft Manfred Müller

www.heckenwirtschaft-mueller.de

Plätze (innen/außen): 60/35

WEINE

Müller-Thurgau, Bacchus, Silvaner, Scheurebe, Kerner, Portugieser, Schwarzriesling, Dornfelder, Domina.

KÜCHE

Mittelgroße Karte warm und kalt; Spezialitäten: Große Winzerplatte.

ANSCHRIFT

Am Burgstall 8
97478 Zell am Ebersberg
Tel.: 09529 520

ÖFFNUNGSZEITEN

Weinverkauf: Täglich nach vorheriger Anmeldung.
Heckenwirtschaft: Fasching bis Ostern und 2. WE im Sep. bis Mitte Okt.: Fr., Sa. und So. ab 14 Uhr, genaue Termine siehe Website.

DIE SEELE BAUMELN LASSEN

Bei Manfred Müller können Sie eine perfekte kleine Auszeit vom Alltag nehmen. In der kleinen Häckerstube bietet er zu seinen Weinen selbst gemachte Wurstwaren und geräucherte Forellen - und auf Wunsch auch ein besonderes Ambiente: Mitten im Garten steht ein großes, beheizbares Holzweinfass, in dem es sich bis zu zwölf Personen gemütlich machen können. Überhaupt hatten es uns Garten und Terrasse besonders angetan. Wir waren dort an einem Freitag und konnten das interessante Foodpairing von fränkischen Weißweinen mit frisch marinierten Heringen erleben. Kaum zu glauben, aber es funktioniert!

Zell am Ebersberg | 170 m

Heckenwirtschaft Elke Mahr

Silbersteige 3, 97478 Knetzgau-Zell
Tel.: 09529 1303

Web: www.heckenwirtschaften-franken.de

Öffnungszeiten: ganzjährig geöffnet
Busse und Gruppen auf Anfrage

Tipp: Beachten Sie unbedingt die Öffnungstermine auf der Website. Der Garten ist besonders liebevoll angelegt.

Zell am Ebersberg | 400 m

Weingut Götz

Höhstraße 10, 97478 Knetzgau-Zell
Tel.: 09529 617

Web: www.goetz-wein.de

Öffnungszeiten: auf Anfrage

Tipp: Von Sommerbrunch bis Weihnachtsmarkt, hier gibt es Veranstaltungen und Events für jedes Herz.

TIPP VOM WINZER

PRICKELNDER FRANKENSEKT UND SECCO.

Weinbau und Heckenwirtschaft Fam. Mühlfelder

www.weinbau-muehlfelder.de **Plätze (innen/außen): 50/60**

WEINE

Silvaner, Müller-Thurgau, Bacchus, Kerner, Ortega, Weißer Burgunder, Riesling, Scheurebe, Alter Fränkischer Satz, Portugieser, Domina, Dornfelder.

KÜCHE

Mittelgroße Karte warm und kalt; Spezialitäten: Weinteller.

WEINFEST

Rotweintage (2. WE im Jun.), Weinherbst (1. WE im Sep.).

ANSCHRIFT

Zeller Hauptstraße 38
97478 Zell am Ebersberg
Tel.: 09529 732

ÖFFNUNGSZEITEN

Weinverkauf: Ganzjährig jederzeit möglich.
Heckenwirtschaft: siehe Website

ALTE ROTWEINTRADITION

1115 ließ Bischof Otto von Bamberg auf dem kleinen Ebersberg eine feste Burg als Sitz für seine Amtsmänner erbauen. Ein Bauernaufstand 1525 und hundert Jahre später die Schweden verwandelten das Gelände in einen Steinbruch. Heute ist immerhin ein schöner Aussichtsplatz geblieben – und natürlich ein wunderbar geeigneter Weinberg, der schon seit mehr als 75 Jahren Rotweintrauben trägt. Unterhalb der steilen Hänge befindet sich seit 2002 die Heckenwirtschaft der Mühlfelders, in der man die feinen Weine, aber auch hausgemachte Wurstspezialitäten verkosten kann, und in der Ortsmitte das Weingut selbst.

Zell am Ebersberg | 350 m

Heckenwirtschaft Rippstein-Mojzis

Zeller Hauptstraße 16, 97478 Knetzgau-Zell
Tel.: 09529 738

Web: www.knetzgau.de

Öffnungszeiten: siehe Website

Tipp: Spezialitäten – Hausmacherbratwürste, Eigenbauweine rot und weiß, Schwarzriesling, Johanniter.

Zeil am Main | 7,5 km

Weingut Dr. Heigel

Haßfurter Str. 30, 97475 Zeil am Main
Tel.: 09524 3110

Web: www.weingutdrheigel.de

Öffnungszeiten: nur Mi. und Fr. 10 bis 17 Uhr, Mo., Di., Do., Sa. und So. geschl.

Tipp: Im Weingut stehen Ihnen ausgewiesene Weinfachleute jederzeit für ein Gespräch zur Verfügung. Am Radweg in Richtung Haßfurt.

TIPP VOM WINZER

„ORTEGA SPÄTLESE, UND KERNER HALBTROCKEN."

Weingut Bauerschmitt

www.weingut-bauerschmitt.de Plätze (innen/außen): 40/80

WEINE

Müller-Thurgau, Silvaner, Riesling, Bacchus, Domina.

KÜCHE

Mittelgroße Karte kalt; Spezialitäten: Kleine und große Häckerplatte.

WEINFEST

Fränkisches Hoffest (1. Mai), Weinfest am Bamberger Michaelsberg (Anfang Aug.).

ANSCHRIFT

Ziegelanger 31a
97475 Zeil am Main
Tel.: 09524 302078

ÖFFNUNGSZEITEN

Weinverkauf: Jederzeit nach vorheriger Absprache möglich. Weinstube: Im Mär., Mai, Jun., Aug., Sep., Nov. und Dez., Fr. ab 16 Uhr, Sa., So. und Feiertage ab 14 Uhr, genaue Termine siehe Website.

BAMBERG DEN WEIN ZURÜCKGEBRACHT

Martin Bauerschmitt wurde nicht nur die Ehre zuteil, den neuen Bamberger Weinberg am Michaelsberg bebauen zu dürfen. Das Weingut, das er und sein Vater Kilian betreiben, ist auch eine der beliebtesten Adressen in der Zeiler Gegend. Ein bisschen liegt es sicherlich daran, dass an den Wänden ein Sammelsurium der unterschiedlichsten Musikinstrumente hängt, das jeder, der dazu in der Lage ist, auch benutzen darf. Dem Bamberger Weinberg verdanken wir auch das zugehörige Weinfest Anfang Juli, bei dem man zwischen Reben auf die Weltkulturerbestadt herunterschauen kann – einmalig! Im Herbst gibt es zudem noch das Federweißerfest, bei dem die allerjüngsten Bamberger Tröpfchen direkt am Weinbergshang genossen werden können. An dieser Stelle einmal vielen Dank für dieses Geschenk! In Zeil wird natürlich auch gefeiert: Jedes Jahr Anfang Mai bevölkern die zahlreichen Besucher des Hoffestes die Wiese am Bauerschmittschen Weinberg.

Ebelsbach | 1,7 km

Weinbau Brech

Schönbacher Str. 10, 97500 Ebelsbach
Tel.: 09522 5066

Web: www.weinbau-brech.de

Öffnungszeiten: auf Anfrage

Tipp: Beachten Sie den Termin zum Hofschoppenfest (siehe Website).

Ebelsbach | 1,8 km

Führung bei MF-Frankensekt

Dorfstraße 27, 97500 Ebelsbach
Tel.: 09522 5065

Web: www.mf-frankensekt.de

Öffnungszeiten: siehe Website

Tipp: Besonders erwähnenswert ist hier die alljährliche Stollenführung.

TIPP VOM WINZER

AUF UNSEREN SILVANER SIND WIR SEHR STOLZ.

Weingut Berninger

www.weingut-berninger.de **Plätze (innen/außen): 130/80**

WEINE

Müller-Thurgau, Silvaner, Kerner, Bacchus, Weißer Burgunder, Schwarzriesling, Domina.

KÜCHE

Mittelgroße Kartewarm und kalt; Spezialitäten: Fränkische Braten

WEINFEST

Zeiler Weinfest (1. WE im Aug.).

ANSCHRIFT

Ziegelager 33
97475 Zeil am Main
Tel.: 09524 5300

ÖFFNUNGSZEITEN

Weinverkauf und Restaurant: Mi. bis Fr. ab 17 Uhr, Sa. und So. ab 11 Uhr, Mo. und Di. Ruhetag.

VON DER GIFTHÜTTE ZUR MAINPERLE

Jürgen Berninger meistert hervorragend das Kunststück, gleichzeitig in seinem Restaurant, das ursprünglich mal „Gifthütte" und später „Mainperle" hieß, an den Kochtöpfen zu stehen und die eigenen 2,5 Hektar Weinberge zu bewirtschaften. Dabei geht er keine Kompromisse ein, sondern sorgt im Gegenteil dafür, dass seine Restaurantgäste auch immer den richtigen Tropfen zu ihrer Speisenauswahl auf dem Teller haben. Das geschieht natürlich nicht ohne Hintergedanken. Denn sind die Kunden einmal angefixt, bestellen sie auch von Zuhause im betriebseigenen Online-Shop und haben somit ihren Berninger-Wein immer im eigenen Weinkeller stehen. Oft bleibt es aber nicht beim Wein, besonders begehrt sind bei den Gästen zudem die Flaschen des hauseigenen Perlweines „Perlschnabel", sowie die Brände und Liköre aus Jürgens Feder.

Zeil am Main | 3 km

Zeiler Käppele

Kapellenberg 2, 97475 Zeil am Main
Tel.: 09524 94937 (Tourist Info)

Web: denkmal.zeil-am-main.de

Öffnungszeiten: Auf Anfrage

Tipp: Alleine wegen des Blicks auf das Maintal lohnt sich der Aufstieg. In der Gastronomie nebenan können neue Kräfte gesammelt werden (Tel.: 09524 1009).

Sand am Main | 4,8 km

Sander Baggersee

direkt neben dem Campingplatz

Web: www.sand-am-main.de

Tipp: Ganz in der Nähe liegen viele weitere Seen, Infopfade und Naturschutzgebiete. Entspannung garantiert. Zu Fuß sind es zum Kirchplatz des Ortes nur 5 Minuten.

TIPP VOM WINZER

TROCKENER SILVANER ODER EDELSÜSSER KERNER SPÄTLESE.

Weingut Martin - Weinstube Martinsklause

www.weingut-martinsklause.de

Plätze (innen/außen): 60/90

WEINE

Silvaner, Blauer Silvaner, Bacchus, Müller-Thurgau, Kerner, Riesling, Scheurebe, Weissburgunder, Domina, Dornfelder, Spätburgunder.

KÜCHE

Mittelgroße Karte warm und kalt; Spezialitäten: Wild aus heimischen Wäldern, Flugenten mit Bamberger Wirsing.

ANSCHRIFT

Ziegelanger 6
97475 Zeil am Main
Tel.: 09524 5422

ÖFFNUNGSZEITEN

Weinverkauf: Mi. bis Fr. 17 bis 22 Uhr, Sa., So. und Feiertage 11 bis 22 Uhr, oder nach Vereinbarung. Weinstube: Mi. bis Fr. 17 bis 22 Uhr, Sa., So. und Feiertage 11. bis 22 Uhr, Mo. und Di. Ruhetag.

WEIN AUS DEM HIMMELREICH

Kurz vor dem malerischen Weinörtchen Zeil liegt das mittlerweile eingemeindete Ziegelanger. Auf dieser Seite des Mains ist hier die erste Station Weinfrankens, wenn man von Osten, also aus der Bamberger Ecke kommt. Die Martinsklause kann deswegen auf eine viele Jahrzehnte alte Geschichte als Weinschänke zurückblicken, Kellermeister Max Martin stellt die mittlerweile vierte Generation. Er setzt neben dem klassischen Anbau auch auf sehr ursprüngliche Weine, die er aus alten Reben der Lage „Krümler Himmelreich" keltert. Eher Einsteigerweine sind die Tropfen namens Ente, Fisch, Wildschwein und Flamingo, die zusammen das „Häckerschoppen"-Sortiment bilden und wirklich für jeden Geldbeutel ein feines Aroma bieten. Die Gäste schwärmen außerdem von den Weinbergswanderungen, die die Martins auf Anfrage auch kleinen Gruppen anbieten.

Sand am Main | 4,3 km

Weinbau Hofmann

Weidenstraße 4, 97522 Sand am Main
Tel.: 09524 5687

Web: www.weinbau-hofmann-sand.de

Öffnungszeiten: siehe Website

Tipp: Weine genießen und bei leckeren fränkischen Brotzeiten und kleinen Spezialitäten nach Herzenslust schlemmen.

Eltmann | 6,6 km

Naturerlebnisweg Mainaue

Ausgangspunkt der Wanderung: Hier stehen mehrere Wegstrecken zur Verfügung.

Web: www.hassberge-tourismus.de

Tipp: Die Broschüre zur Mainaue mit den einzelnen Naturerlebniswegen können Sie auch als PDF auf der Website herunterladen.

TIPP VOM WINZER

„UNSEREN SILVANER ZU REGIONALEN SPEZIALITÄTEN."

Weinhaus Zimmermann

www.weinhaus-zimmermann.de Plätze (innen/außen): 70/30

IM WEINFEST-MEKKA

WEINE

Bacchus, Müller-Thurgau, Johanniter, Silvaner, Domina.

KÜCHE

Kleine Karte warm und kalt; Spezialitäten: Pfeffersteak vom Roastbeef, saisonale Gerichte.

ANSCHRIFT

Ziegelanger 19
97475 Zeil m Main
Tel.: 09524 5460

ÖFFNUNGSZEITEN

Weinverkauf & Restaurant: Mo., Di. und Fr. ab 17 Uhr, Sa., So. und Feiertage ab 11 Uhr.

Fränkische Weinfeste haben Tradition und sind für alle Beteiligten ein Riesen-Highlight. Ganz besonders gut gefallen hat es uns unter anderem hier in Zeil. Schließlich verwandelt sich das gesamte Städtchen in eine große Festarena, jede Menge Buden säumen alle Straßen und an jeder Ecke gibt es eine andere Attraktion. Mit dabei ist natürlich auch jedes Jahr Wolfgang Zimmermann, der seinen Bio-Wein nach der Maxime „Biologisches Gleichgewicht statt Chemie" an- und ausbaut. Diese Einstellung wirkt sich auch auf die Speisen aus, wir haben selten ein so gutes Schnitzel mit Kartoffelsalat gegessen (und das will wirklich etwas heißen!). Ein Geheimtipp ist die Bio-Weinprobe bei Kerzenschein im alten Felsenkeller (nach Voranmeldung).

Ziegelanger | 250 m

Abt-Degen-Steig Weinwanderweg

Ausgangspunkt der Wanderung: Ortskern Ziegelanger, Länge: zwischen 5 und 25 km.

Web: www.abt-degen-weintal.de

Tipp: Mit Standort-, Weinsorten- und Hinweistafeln zum Weinbau und Kulturgeschichtlichem stillt man den Wissensdurst.

Ziegelanger | 270 m

Winzerhof Schick

Bergstraße 22, 97475 Zeil am Main
Tel.: 09524 7892

Web: www.winzerhof-schick.de

Öffnungszeiten: siehe Website

Tipp: Auf der Website finden Sie die Eventcard mit den aktuellen Terminen zu Weinwandertag, Zeiler Weinfest und dem Herbstweinfest.

TIPP VOM WINZER

„UNSER BACCHUS, SILVANER UND JOHANNITER."

Abt-Degen-Steig Ziegelanger

An dieser Stelle möchten wir einige empfehlenswerte Highlight-Termine der Weinsaison vorstellen. All diese Feste finden zumeist in bestimmten Wochen des Jahres statt. Wo es keine klare Fixierung des Termines gibt, haben wir die jeweils gültigen Internetseiten für Ihre Ausflugsplanung angegeben.

April

Stammheim, Weinbergswanderung
www.kolitzheim.de

Klingenberg, Historisches Weinfest auf der Clingenburg
www.klingenberg-main.de

Mai

Bullenheim, Straßenweinfest
Christi Himmelfahrt

Nordheim, Weinfest
Christi Himmelfahrt

Würzburg, Weindorf am oberen und unteren Markt
Letzter Freitag im Mai

Juni

Prichsenstadt, Weinfest
www.prichsenstadt.de

Königheim, Weinblütenfest
Letztes Juni-Wochenende

Wipfeld, Promenadenweinfest
www.wipfeld.de

Juli

Wertheim, Hofschoppenfest
www.wertheim.de

Sommerhausen, Weinfest
www.tsgsommerhausen.de

Bamberg, Weinfest am Michaelsberg
www.weingut-bauerschmitt.de

Sommerach, Weinfest
Zweites Juli-Wochenende

Würzburg, Hoffest am Stein
www.weingut-am-stein.de

Sand, Altmain-Weinfest
Zweites Juli-Wochenende

Großwallstadt, Weinbergshüttenfest
www.fraenkischerrotwein-wanderweg.de

August

Klingenberg, Weinfest
www.klingenberg-main.de

Sulzfeld, Weinfest
www.weinfest-sulzfeld.de

Wertheim, Burgweinfest
www.wertheim.de

Zeil, Altstadt-Weinfest
Um den ersten Augustsonntag

Volkach, Weinfest
Mariä Himmelfahrt

Weigenheim, Weinfest
Vorletztes August-Wochenende

September

Würzburg, Weinparade
www.weinparade.de

Erlabrunn, Weinbergswanderung
www.gemeinde-erlabrunn.de

Bach, Baierweinfest
www.baierwein-museum.de

Handthal, Bremserfest
www.handthal.de

Oktober

Miltenberg, Weinherbst auf dem Engelplatz
www.fraenkischerrotweinwanderweg.de

Abtswind, Weinfest
www.abtswind.de

November

Bürgstadt, Weinmarkt im hist. Rathaus
www.fraenkischerrotweinwanderweg.de

Weinfeste in Klingenberg

www.klingenberg-main.de

In dem Städtchen mit den wohl steilsten Frankenweinhängen finden zahlreiche Weinfeste statt. Die wunderschönen Rotsandsteinhäuser geben dazu aber auch eine der schönsten Kulissen Frankens ab.

Mit dem Klingenberger Winzerfest stehen sechs Tage, verteilt über die zwei ersten August-Wochenenden, auf dem Plan, die als größtes Winzerfest am Bayerischen Untermain gelten. Mehrere Shuttlebuslinien fahren von Großheubach, Miltenberg, Elsenfeld, Eschau und Obernburg zur großen Party, die am ersten Freitag mit einem sehenswerten Einmarsch auf dem Winzerfestplatz beginnt.

Weitere Tipps

Weitere Weinfeste in Klingenberg finden Sie auf der Website der Stadt.

Infos: www.klingenberg-main.de

Altmain Weinfest in Sand am Main

www.altmain-weinfest.de

Die Sander haben sich gedacht: „Gehen wir das Thema Weinfest doch gleich professionell an..." und extra dafür einen Festplatz geschaffen, auf dem es jetzt immer hoch her geht. Von Freitag bis Montag ist vor allem Partystimmung angesagt, mit Bands für alle Altersklassen, Lasershow und natürlich jeder Menge feinen Weines.

So sind alle immer ganz traurig, wenn dieses Weinfest der Extraklasse mit dem traditionellen Brillantfeuerwerk ausklingt und man wieder ein Jahr warten muss (oder nur bis zur Kirchweih am ersten Septemberwochenende), um dieses besondere Flair zu erleben. Die Gäste kommen hierfür bis aus München angereist, als quasi Oktoberfesttourismus – nur andersrum. Besonders empfehlen wir den Steckerlfisch direkt aus dem Main – auf den Spieß – über den Grill – auf den Teller!

Termin: Zweites Wochenende im Juli

Volkacher Weinfest

www.volkach.de

Volkach mit seinen elf Ortsteilen hat sich zu einer richtigen deutschen Weinmetropole entwickelt. Zahlreiche Weinstände, Bocksbeutel- und Sektbars, mehr als 8.000 Sitzplätze unter den alten Lindenbäumen im großen Weinfestpark.

Los geht's traditionell am Freitag Abend mit allen Weinprinzessinnen der Volkacher Mainschleife und einem nächtlichen Feuerwerk. Und spätestens zu den „Aaahs" und „Ooohs" zu den prachtvollen Lichtern sind die Stimmung auf dem Siedepunkt, die Hände zum Himmel gerichtet und die Füße auf den Bierbänken. Zum Hin- und Wegkommen lohnt sich das Mainschleifenshuttle, das extra Sondertouren zum Weinfest einlegt.

Alle Infos und Zeiten: www.volkach.de

Würzburger Weinfeste

www.weinparade.de / www.weindorf-wuerzburg.de

Auch die Würzburger haben ihre Weinfeste. Eines der schönsten ist die Weinparade, die alljährlich im Spätsommer auf dem Würzburger Marktplatz stattfindet.

Das Fest konzentriert sich ausschließlich auf Würzburger Weingüter, die dafür aber Weine aller Qualitätsstufen bis zum Eiswein ausschenken. Damit man auch alle durchprobieren kann, gibt es den jeweiligen Rebensaft auch im 0,1l-Glas.

Seit der ersten Weinparade 2002 sind die Würzburger begeistert von „Ihrem" Fest – immerhin können sie über 100 verschiedene Weine, gepaart mit einem variantenreichen kulinarischen Angebot mitten in ihrer Stadt genießen. Zu verdanken haben die Unterfranken das ürigens dem Verein Würzburger Festwirte, der auch für das Würzburger Weindorf verantwortlich zeichnet, eine weitere Traditionsveranstaltung auf dem Oberen und Unteren Markt.

Infos: www.weinparade.de oder www.weindorf-wuerzburg.de

Zeiler Altstadt-Weinfest

www.zeiler-weinfest.de

Der Zeiler Weinbau geht einerseits auf das Bamberger Kloster am Michaelsberg zurück (um 1018), andererseits förderte der Ebracher Abt Degen (in Zeil geboren) im 17. Jahrhundert den Weinanbau in der Region. So eine lange Tradition muss natürlich gefeiert werden, und das tun die Zeiler auch ausgiebig – in ihrer gesamten Stadt.

Angefangen mit den Winzern über alle Vereine bis hin zur Narrenzunft ist dann alles auf den Beinen und das gesamte Örtchen im Ausnahmezustand. Das Fest beginnt mit einem bunten Trachtenaufzug am Samstag, am Sonntag freut man sich auf das Kapellen-Hochfeuerwerk, der Montag ist dem Ausklang gewidmet. Bahn-, Bus- und Schiffsshuttle bringen dabei die Feierwilligen aus der Bamberger Region nach Zeil. So mancher schafft es aber abends nicht mehr zurück und findet sich am nächsten Morgen unter strahlendem Sonnenschein in der romantischen Fachwerkstadt.

Termin: Um den ersten Sonntag im August

Schöne Kurven – das Kleid des Frankenweins

von Svenja Zeitler

Ein Kriterium, das den Frankenwein neben Rebsorten, Qualität und Geschmack einzigartig macht, ist auch seine Verpackung: der Bocksbeutel. Die originelle, bauchige Flasche, die aus der eintönigen Masse an schlanken, geraden Behältnissen im Weinregal hervorsticht, ist ein Erkennungszeichen des Frankenweins. Doch was steckt eigentlich hinter dieser besonderen fränkischen Flasche, und wie hat sie sich im Laufe ihres doch schon recht langen Lebens verändert? Die Geschichte des Bocksbeutels:

Der wohl älteste bekannte Vertreter seiner Art ist der keltische Vorgänger des Bocksbeutels, ein Tongefäß von circa 1.400 v. Chr., das auf fränkischem Boden im Landkreis Aschaffenburg entdeckt wurde. Die flache, bauchige Flasche ist also tief in ihrer heutigen Heimat verwurzelt. Die erwähnte, besondere Form des Behältnisses wurde abgeleitet aus der Form der Feldflasche, da diese dadurch bequem am Körper zu tragen war und auch nicht wie runde Flaschen wegrollen konnte.

Die genaue Namensherkunft des Bocksbeutels lässt sich nicht belegen, manche Quellen behaupten jedoch, dass der Name für das Gefäß seine Herkunft von der Bezeichnung des Hodensacks eines Ziegenbockes hat – eine naheliegende Verbindung, die man nicht abstreiten kann.

Die älteste urkundliche Darstellung der moderneren, auch heute gebräuchlichen Form dieser Glasflasche in Verbindung mit dem Frankenwein ist datiert auf 1576, wo ein Vertreter dieser Art

auf einer Zeichnung des Juliusspitals in Würzburg zu erkennen ist. Hier wurde der Gebrauch des Bocksbeutels auch erstmals reglementiert und das Gefäß so zur offiziellen fränkischen Weinflasche gemacht. Die Abfüllung in den Bocksbeutel war nur dem angesehensten, hochwertigsten Wein, dem Würzburger Stein, erlaubt. So sollte der Ruf des Frankenweins nicht durch die schlechte Qualität fragwürdiger Produkte geschädigt werden.

Der Bocksbeutel gilt als Markenzeichen der fränkischen Weine, doch auch heute hat nicht jeder das Recht, seine Weinerzeugnisse in diese einzigartige Flasche abzufüllen. Einer strengeren Reglementierung, ausschließlich für fränkische Qualitätsprodukte, wurde aber im Zuge des Bocksbeutelstreits Anfang der 80er Jahre Einhalt geboten. Heute genießt der Bocksbeutel dennoch einen Markenschutz der EU, diesen besteht allerdings nicht ausschließlich für Frankenweine. Die Flasche hat eine genormte Standardgröße von 750 ml und ein festgelegtes Mostgewicht von 72 Grad Oechsle. Nur Weine ab Qualitätsstufe „Kabinett“ dürfen in den Bocksbeutel abgefüllt werden.

Im Dezember 2015 tut sich plötzlich einiges am Aussehen des altbewährten Gefäßes. Der traditionelle Bocksbeutel bekommt einen neuen Look: Der Bocksbeutel PS ist geboren. Der aus Bayreuth stammende Designer Peter Schmidt verpasste der ursprünglichen Flasche eine Schönheitsbehandlung. Die bauchige, flache Form bleibt erhalten, die Rundungen werden jedoch kantiger, und so entsteht eine moderne Ausstrahlung, die auch auf Franken und das Image des Frankenweins übergehen soll. Die neue Kreation kam gut an: Seit sie 2016 auf den Markt kam, wurden etliche Flaschen gefüllt und ein großer Umsatz verzeichnet. Sie sorgte allerdings auch für einen Zwist unter den fränkischen Winzern: Da der Preis für den Verkauf des Frankenweins in der Bocksbeutel-Flasche nicht von der Winzergemeinschaft Franken festgelegt ist, fürchten einige Winzer, dass niedrige Preise im Supermarktregal dem qualitätsvollen Image des Frankenweins, das die neue Flasche ausdrücken soll, schaden könnte.

Neues Design hin oder her, egal ob eckig oder rund, der Bocksbeutel mit seiner besonderen Form sticht auf jeden Fall aus der Masse heraus und ist ein treffendes Symbol für die Einzigartigkeit und die Qualität des Frankenweins – Prost!

Tipp: Wer dem Bocksbeutel nicht nur beim Trinken sondern auch durch Bewegung nahekommen will, sollte unbedingt der Mittelfränkischen Bocksbeutelstraße einen Besuch abstatten (mehr unter www.bocksbeutelstrasse.de).

Der Weltkulturerbestadt-Wein

von Markus Raupach

Erstmal dachten alle, es wäre eine super Idee: Warum nicht anlässlich der anstehenden Landesgartenschau aus der maroden Streuobstwiese unterhalb des Bamberger Klosters auf dem Michaelsberg wieder einen ertragreichen Weinberg machen?

Schließlich findet sich der Weinbau hier in vielen mittelalterlichen Urkunden. Doch dann regte sich auf einmal unerwarteter Bürgerunmut: Die alten Obstbäume hatten mehr Freunde als gedacht, und auch die Wirtschaftlichkeit wurde angesichts des zu erwartenden „Sauerampfers" in Frage gestellt.

Am Ende der Leserbriefschlacht sollte sogar ein Bürgerbegehren stehen, kurz davor fand man nun einen Kompromiss: Einige Obstbäume bleiben, der Weinberg schrumpft von 100 auf 88 Ar Anbaufläche. Dort stehen nun seit Mai 2009 die Rebstöcke – und entwickeln sich wesentlich besser und schneller als erwartet. Statt erst 2010 oder 2011 hingen schon im August 2009 die ersten Trauben an den Stöcken. Winzer Martin Bauerschmitt aus Zeil zeigte sich verwundert und erfreut zugleich. Statt Sauerampfer reift auf dem Bamberger Südhang im 21. Jahrhundert ein richtig guter Tropfen.

Bauerschmitt

Wenn's in Franken kräftig blubbert

von Markus Raupach

Sobald der Herbst die Blätter weinrot färbt, freuen sich die hiesigen Rebensaftfans auf ihre fünfte Jahreszeit: Es gibt Federweißen und Federroten, manchmal sogar gemischt. Zusammen mit dem passenden Gericht, dem Zwiebelkuchen, kann das eine ganz schöne Belastungsprobe für einen ungeübten Gastrointestinaltrakt werden, der Gaumen jedoch frohlockt in höchsten Tönen.

Der Traubenmost, der gerade mit der Gärung begonnen hat, ist unfiltriert und muss aus unverschlossenen Gefäßen ausgeschenkt werden, weil die Hefe immer neues Kohlendioxid produziert. Je nach Alter schmeckt dieser Jungwein entweder noch sehr süß oder dann eben immer mehr wie fertiger Wein und hat zwischen 4% Alkoholgehalt zu Beginn und 11% am Ende der Gärphase. Das bedeutet, Sie sollten vorsichtig sein mit dem süßen Saft, denn den Alkohol bemerkt man meistens erst, wenn es zu spät ist...

Der vitaminreiche Herbstklassiker hat sich mittlerweile derart etabliert, dass nicht mehr nur solche Trauben zu Federweißem verarbeitet werden, die nicht das Potential haben, zu einem hochwertigen und lagerfähigen Prädikatswein vergoren zu werden. Man schenkt inzwischen durchaus auch Most aus der hochwertigeren Produktion aus. Schließlich ist die Nachfrage groß, und der Verdienst für den Winzer ist ebenfalls nicht zu verachten.

EIn Zug verselbstständigt sich

von Markus Raupach

Seit 1909 fuhr ein Zug von Seligenstadt nach Volkach. Allerdings kam mit der Sprengung der Volkacher Mainbrücke am 7. April 1945 ein schwerer Rückschlag. Das vier Jahre später gebaute Provisorium wurde danach nicht – wie geplant – durch eine neue Brücke ersetzt, und so kam am 28. September 1968 das Aus für den fahrplanmäßigen Personenverkehr.

Bis 1994 fuhren noch regelmäßig Sonderzüge zu Weinfesten nach Volkach, anschließend sollten die Gleise rückgebaut werden. Engagierte Bürger gründeten allerdings sofort eine „Interessengemeinschaft Mainschleifenbahn". Sie konnte zwar nicht die Trennung der Strecke vom Netz der Deutschen Bahn verhindern, schaffte es aber, dass am 13. September 2003 die private Mainschleifenbahn auf der von der Bahn für weitere 24 Jahre gepachteten Strecke ihren Betrieb aufnehmen konnte. Nun fährt die Bahn an den Sommerwochenenden ab 10.45 Uhr regelmäßig alle zwei Stunden von Seligenstadt nach Volkach-Astheim und jeweils zur vollen Stunde zurück. Nach vier Fahrten kommt der Zug um 18.10 Uhr zum letzten Mal in Seligenstadt an. Dort gibt es übrigens Anschluss an die Deutsche Bahn, der Fußweg zum Bahnhof dauert nur wenige Minuten.

Ein wunderbares Erlebnis, das Sie nicht verpassen sollten, und ein eindrucksvolles Zeichen für das Potential bürgerlichen Engagements!

Mehr Infos: www.mainschleifenbahn.de

Volkacher Mainschleifenbahn

Freizeitlinien 109 - Der Bocksbeutel-Express

www.vgn.de

Von den Bahnhöfen in Uffenheim und Iphofen geht es mit dem Bocksbeutel-Express mitten in eine wunderbare Wanderregion, zu den Heckenwirtschaften, zur Kirchenburg nach Mönchsondheim und zu den geselligen Weinfesten im Weinparadies Franken.

Zu manchen Weinfesten bieten die ortlichen Weinbauvereine auch zusätzliche Sonderfahrten an. Ein schönes Ziel ist die bekannte Weinparadiesscheune (www.weinparadiesscheune.de) – identitätsstiftender Ort und Zentrum für Besucher und Bewohner des Weinparadies Franken. Hier lässt sich bei einem gepflegten Glas Wein der grandiose Blick weit über das Frankenland genießen.

Zu den Winzern und Weinfesten gelangen Sie an Samstagen, Sonn- und Feiertagen vom 1. Mai bis 1. November mit den VGN-Freizeitlinien.

Mehr unter www.vgn.de

Freizeitlinie 107 - Der Mainschleifen-Express

www.vgn.de

Die Region rund um die Volkacher Mainschleife ist ein Paradies für Weinliebhaber. Nicht nur die endlos wirkenden Weinhänge, die sich an den Main schmiegen, sondern auch die Kultur, das kulinarische Angebot und das Lebensgefühl laden zu einem Ausflug ein.

Ob ein Spaziergang durch die Weinberge, die Fahrt auf dem Ausflugsschiff, der Besuch einer der zahlreichen Weinfeste, eine ausgiebige Wanderung oder eine Besichtigung der vielen historischen Sehenswürdigkeiten – für alle Geschmäcker und Altersgruppen hat die Region etwas zu bieten.

Zu den Winzern und Weinfesten gelangen Sie an Samstagen, Sonn- und Feiertagen vom 1. Mai bis 1. November mit der VGN-Freizeitlinie Mainschleifen-Express. Diese fährt von Kitzingen über Dettelbach, Münsterschwarzach, Sommerach, nach Volkach und zurück.

Mehr unter www.vgn.de

JETZT IM BUCHHANDEL!!!

Biergärten und Freizeittipps für Familien!

Franken gehört nicht nur kulinarisch zu den schönsten und spannendsten Regionen in Deutschland.

Das wissen nicht nur die Einwohner in der Metropolregion Nürnberg, die den größten Teil Frankens umfasst, sondern auch die über 10 Millionen Gäste, die jedes Jahr in das Land um Main und Regnitz pilgern. Die Bierkultur gehört dabei zu den meistgenannten Gründen, aber schon auf dem nächsten Platz findet sich der hohe Freizeitwert der Region. Eine traumhaft schöne Natur mit Seen, Bergen und malerischen Flussläufen, Erlebnisse vom Baumwipfelpfad über den Monsterbaggerpark bis hin zu wilden Kanufahrten – all das macht einen Urlaub in Franken einzigartig.

Doch auch die meisten Franken selbst kennen die Vielfalt ihres Heimatlandes viel zu wenig! Deswegen hat das Bestsellerautorenduo Markus Raupach/Bastian Böttner die Perlen aus ihrem reichhaltigen Erfahrungsschatz zusammengetragen und die schönsten Bierkeller und Biergärten mit den außergewöhnlichsten und spannendsten Attraktionen Frankens kombiniert.

Fränkische Bier- und Freizeitkultur, zusammen sind sie in Deutschland und Europa unschlagbar. *Der Beweis ist „100 Biergarten-Ausflüge für Familien und Entdecker". Freuen Sie sich auf spannende Tagestouren mit jeder Menge Spaß und spannenden Erlebnissen.*

Buchdaten:

Autoren: Bastian Böttner / Markus Raupach
Titel: **100 Biergarten-Ausflüge für Familien und Entdecker**

Verlag Nürnberger Presse
240 Seiten | 14,50€
ISBN: 978-3931683412

Jetzt auch erhältlich auf zeitungsshop.nordbayern.de

JETZT IM BUCHHANDEL!!!

Fränkische Bierkultur auf den Punkt gebracht

Die Bier-Bibel von Bastian Böttner und Markus Raupach stellt Ihnen die komplette Brauszene Frankens vor.

Die beiden Autoren stehen als gebürtige Franken selbst voll und ganz hinter der Kultur in dieser weltweit einzigartigen Genussregion. Am meisten tragen die fränkischen Brauereien zu diesem ganz besonderen Hochgenuss bei: Über 2.000 verschiedene Biere entstammen den Sudhäusern zwischen Main, Altmühl und sächsischer Saale. Böttner und Raupach haben alle aktiven Braustätten persönlich besucht und mit Fotos und kurzen Portraits festgehalten. Außerdem trafen die beiden auf ihren Touren durch das Frankenland viele interessante Bier-Persönlichkeiten und konnten hinter die Kulissen von Herstellern und Museen blicken. **Das Ergebnis ihrer bierigen Erlebnisreisen der Jahre 2008 bis 2017 haben die beiden in ihrer „Bier-Bibel" zusammengefasst.**

Freuen Sie sich auf bier-verrückte Kreativbrauer wie David Hertl (Schlüsselfeld) oder Andreas Gänstaller (Schnaid), die mit unendlicher Liebe und Geduld spannende und innovative Biere immer wieder neu erfinden, genauso wie auf bodenständige „Bräuer" wie Georg Höhn (Memmelsdorf), die ihre urigen, süffigen Biere nach jahrhundertealten Rezepten so wie ihre Väter und Vorväter brauen. Durch die Adern dieses Buches fließt der reinste fränkische Gerstensaft, und Sie werden auf jeder Seite wieder einem Stück gelebter Biertradition begegnen. Natürlich sind auch viele praktische Informationen enthalten, angefangen von den Öffnungszeiten und Haltestellen des ÖPNV bis zum jeweiligen Biersortiment und den Spezialitäten in der zugehörigen Gastronomie. Sie sehen auf einen Blick, wo Brauereiführungen angeboten werden oder wo Sie auch ein kleines Fässchen für das nächste Privatfest abholen können.

Buchdaten:

Autoren: Bastian Böttner / Markus Raupach
Titel: Brauereien und Brauereigasthöfe in Franken.
Alle Braustätten, Biere, Museen und Bierfeste.
Verlag Nürnberger Presse
672 Seiten | 19,90€
ISBN: 978-3931683399

Jetzt auch auf zeitungsshop.nordbayern.de

Wir sehen uns!

Über 100 Ausflüge – da haben Sie ganz schön was hinter sich – oder vor sich, wenn Sie bisher nur hineingelesen haben.

Wir wünschen Ihnen auf jeden Fall viel Freude bei den einzelnen Erlebnissen und freuen uns über Rückmeldungen und weitere Anregungen. Schließlich sind auch Autoren nicht unfehlbar. Im nunmehr über zehnjährigen Zusammenspiel zwischen Ihnen, unseren Lesern, und uns sind schon viele Geheimtipps zu Tage gekommen. Ohne Ihre tatkräftige Mithilfe würden diese Juwelen immer noch nicht in unseren Büchern stehen.

Wir hoffen, dass wir uns möglichst bald wiedersehen, entweder in einem der vielen Freizeit- und Genussziele des vorliegenden Buches oder auf unseren nächsten Rechercheresien. Die werden uns zuerst in die Herzen der Fränkischen Naturparks führen, um die dortigen Freizeitmöglichkeiten für Sie aufzubereiten, dann zurück in unsere Biergärten, die wir wieder einmal komplett aktualisieren.

Freuen Sie sich also mit uns auf viele weitere spannende Erlebnisse und Begegnungen rund um Freizeit und Genuss, denn das ist unsere Leidenschaft!

GuideMedia GbR
Theatergassen 4
96047 Bamberg
Tel.: 0951 5194166
Mail: info@guidemedia.de
Web: www.guidemedia.de